FULL SCORE

WSO-18-003

吹奏楽譜＜コンクール／吹奏楽オリジナル楽譜＞

スヴニール・ドゥ・グランシェル

Souvenir du Grand Ciel ～ 黎明への祈り

郷間 幹男

WSO-18-003
吹奏楽譜＜コンクール／吹奏楽オリジナル楽譜＞

スヴニール・ドゥ・グランシェル

Souvenir du Grand Ciel 〜 黎明への祈り

郷間 幹男

Instrumentation

Piccolo & Flute 3 ×1

Flutes 1 (& *2) ×2

*Oboe ×1

*Bassoon ×1

*E♭ Clarinet ×1

B♭ Clarinet 1 ×1

B♭ Clarinet 2 ×1

*B♭ Clarinet 3 ×1

*Alto Clarinet ×1

Bass Clarinet ×1

Soprano Saxophone ×1

Alto Saxophone 1 ×1

*Alto Saxophone 2 ×1

Tenor Saxophone ×1

Baritone Saxophone ×1

B♭ Trumpet 1 & Flugelhorn 1 ×2

B♭ Trumpet 2 & Flugelhorn 2 ×2

*B♭ Trumpet 3 & Flugelhorn 3 ×2

F Horns 1 (& *2) ×2

F Horns 3 (& *4) ×2

Trombone 1 ×1

Trombone 2 ×1

*Trombone 3 ×1

Euphonium ×2

Tuba ×1

*String Bass ×1

Timpani ×1

Snare Drum, Suspended Cymbal
& 3 Toms ×1

Bass Drum, Hi-Hat,
Suspended Cymbal & Triangle ×1

Suspended Cymbal, Tambourine,
Shaker, Crash Cymbals, Triangle
& Ratchet ×1

Glockenspiel & Chime ×1

Marimba,Vibraphone & Chime ×1

Piano ×1

Condensed Score ×1

*の楽器は省略可能。

✍ 曲目解説

　この曲は大雑把に言って「急」と「緩」の部分に分かれています。
　まず前後半の「急」の部分では、リズムをいかに鮮やかに表現するかがポイントになります。そのために考えてほしい点は「リズムの抑揚」です。例えば、アーティキュレーション記号が書いていないところでも（もしくは逆に全て書いてあるところだとしても）、必ずしもどの音も同じように演奏してほしいわけではない場合があります。拍子感や、ヘミオラなどを考慮して、譜面上は同じように見えても全て同じようではなく、どのようにすればリズムが生きた演奏になるのかぜひ考えてみてください。一度楽器を離れて自分の声で音程を抜いて発音する（もしくは机などを手などで叩くなど）リズム読みはおすすめの練習方法です。
　中間部の「緩」の部分では、メロディーをどのように歌うかがポイントになります。まず前提として、与えられたフレーズに対して、メロディーに沿った自然なダイナミクスを付けられるようになりましょう。加えて考えてほしいことは「そのフレーズはどこに向かっているのか？どこに頂点があるのか？」ということです。例えば最初から歌い過ぎてしまうと、聴衆には曲が何処に向かっているのかわからず、ダラダラとした印象を受けてしまいます。歌心を持って演奏することは良いことですが、曲の頂点を効果的に聞かせるためには理性的なコントロールも必要です。自分のパート譜だけでなくスコアを読んで全体の構成を掴むのも大切なことです。

（by 郷間 幹男）

✍ 作曲者プロフィール：郷間 幹男　*Mikio Gohma*

　中学よりトロンボーンを始め、大学在学中に「YAMAHA T・M・F」全国大会優勝・グランプリ受賞。
　1997年、ファンハウス（現ソニー・ミュージックレーベルズ）よりサックス・プレイヤーとしてメジャーデビュー。デビューシングル『GIVE YOU』は、フジTV系「平成教育委員会」エンディングテーマ、サークルK CMテーマ曲になり、オリコンチャートや、全国各地のFMチャート上位を独占。その他にも日本コカ・コーラ社のオリンピック・タイアップ曲や、フジTV系「発掘あるある大辞典II」などのBGMを演奏。
　芸能活動を続けながらも吹奏楽指導や作・編曲など、吹奏楽活動も積極的に続け、中でもブラス・アレンジにはかなりの定評がある。
　これまでの経験を活かし株式会社ウィンズスコアを設立、代表取締役社長に就任。現在、社長業の傍ら全国の吹奏楽トップバンドへの編曲や指導なども行っており、その実力からコンクール、アンサンブルコンテストの審査員も務める。
　主な作品に、『コンサートマーチ「虹色の未来へ」』（2018年度全日本吹奏楽コンクール課題曲）等がある。

✍ 演奏時間

約7分00秒

✍ 難易度

B

Souvenir du Grand Ciel 〜 黎明への祈り

郷間幹男 作曲

17
B
♩=174
Picc.
Fl.1,(*2)
*Ob.
*Bsn.
*E♭ Cl.
Cl.1
Cl.2
*Cl.3
*A.Cl.
B.Cl.
S.Sax.
A.Sax.1
*A.Sax.2
T.Sax.
B.Sax.
Trp.1
Trp.2
*Trp.3
Hrn.1,(*2)
Hrn.3,(*4)
Trb.1
Trb.2
*Trb.3
Euph.
Tub.
*St.B.
Timp.
S.D.
H.H.
Tamb.
Glock.
Mrmb.
Pf.
ff appassionata
f
ff

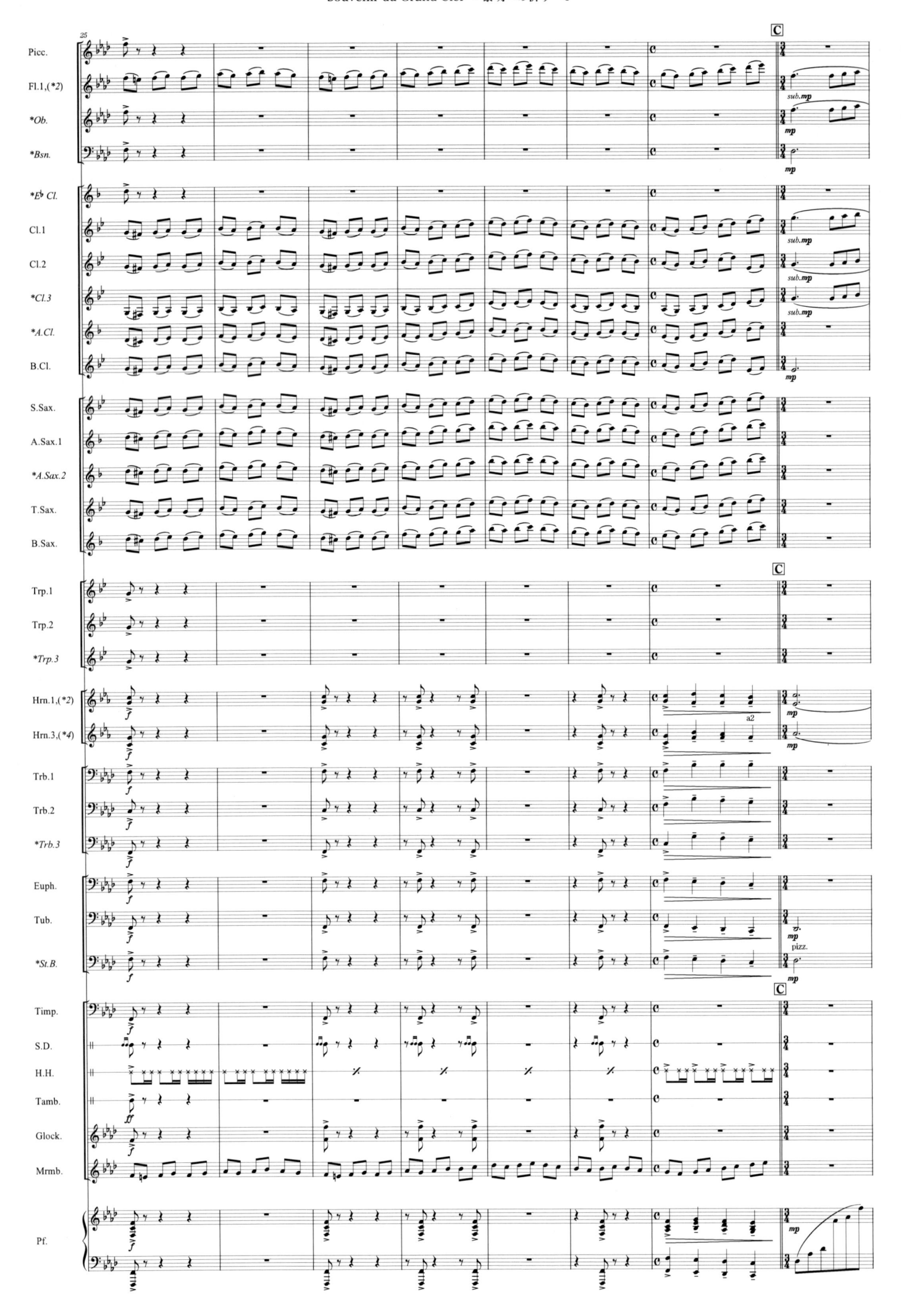

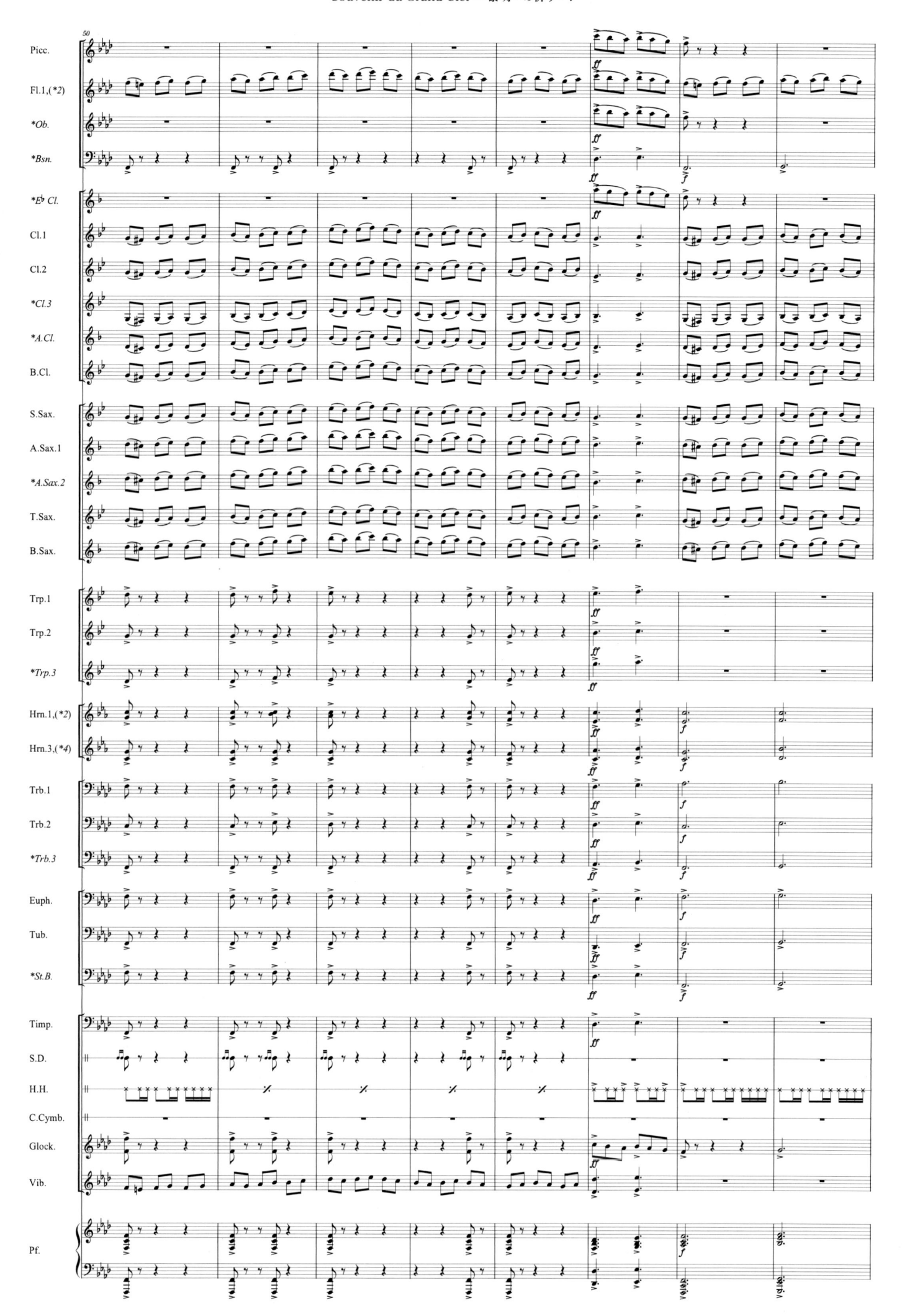

66
Picc.
Fl.1,(*2)
*Ob.
*Bsn.
*E♭ Cl.
Cl.1
Cl.2
*Cl.3
*A.Cl.
B.Cl.
S.Sax.
A.Sax.1
*A.Sax.2
T.Sax.
B.Sax.
Trp.1
Trp.2
*Trp.3
Hrn.1,(*2)
Hrn.3,(*4)
Trb.1
Trb.2
*Trb.3
Euph.
Tub.
*St.B.
Timp.
S.D.
B.D.
C.Cymb.
Glock.
Chime
Pf.
a2
Toms
S.D.

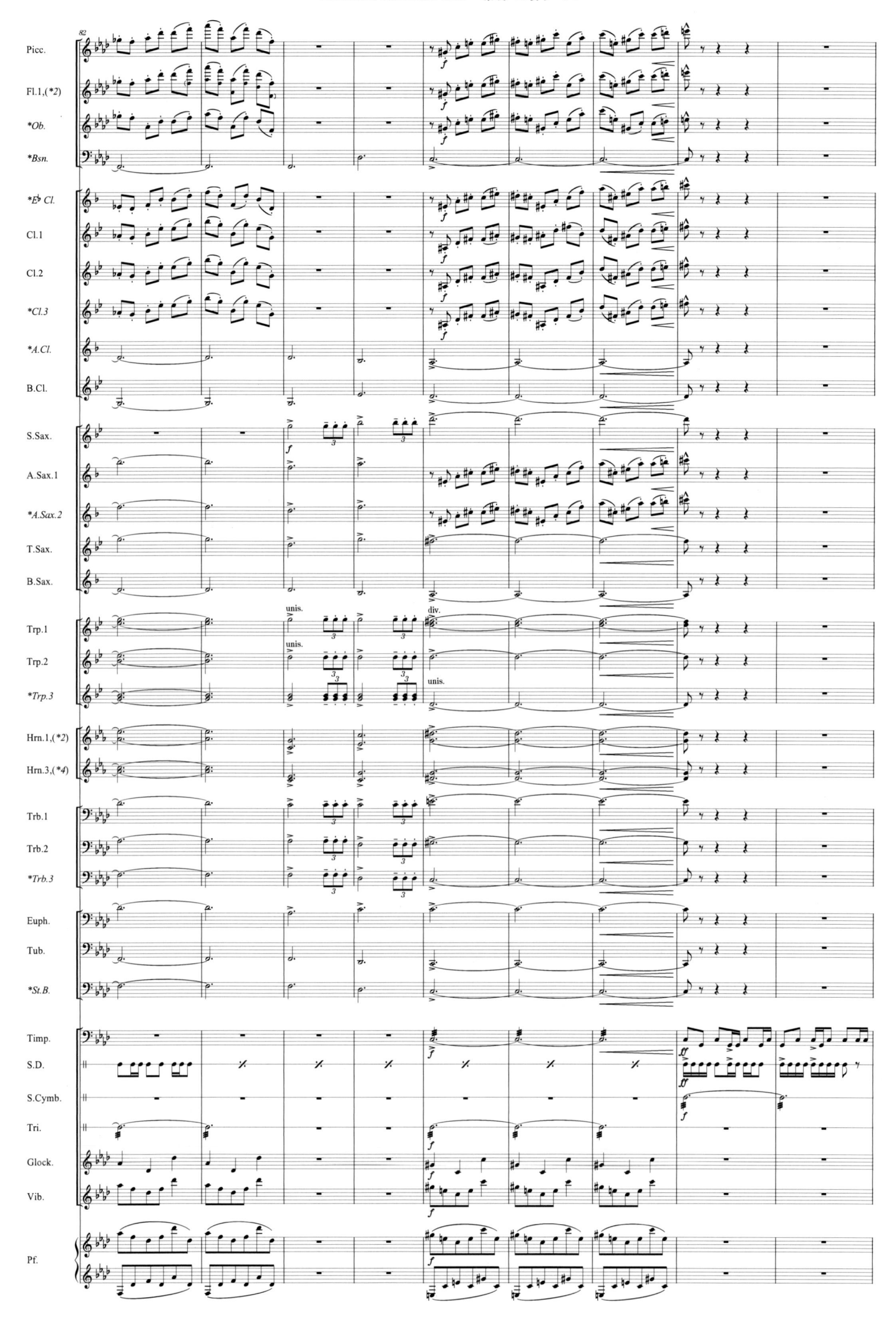

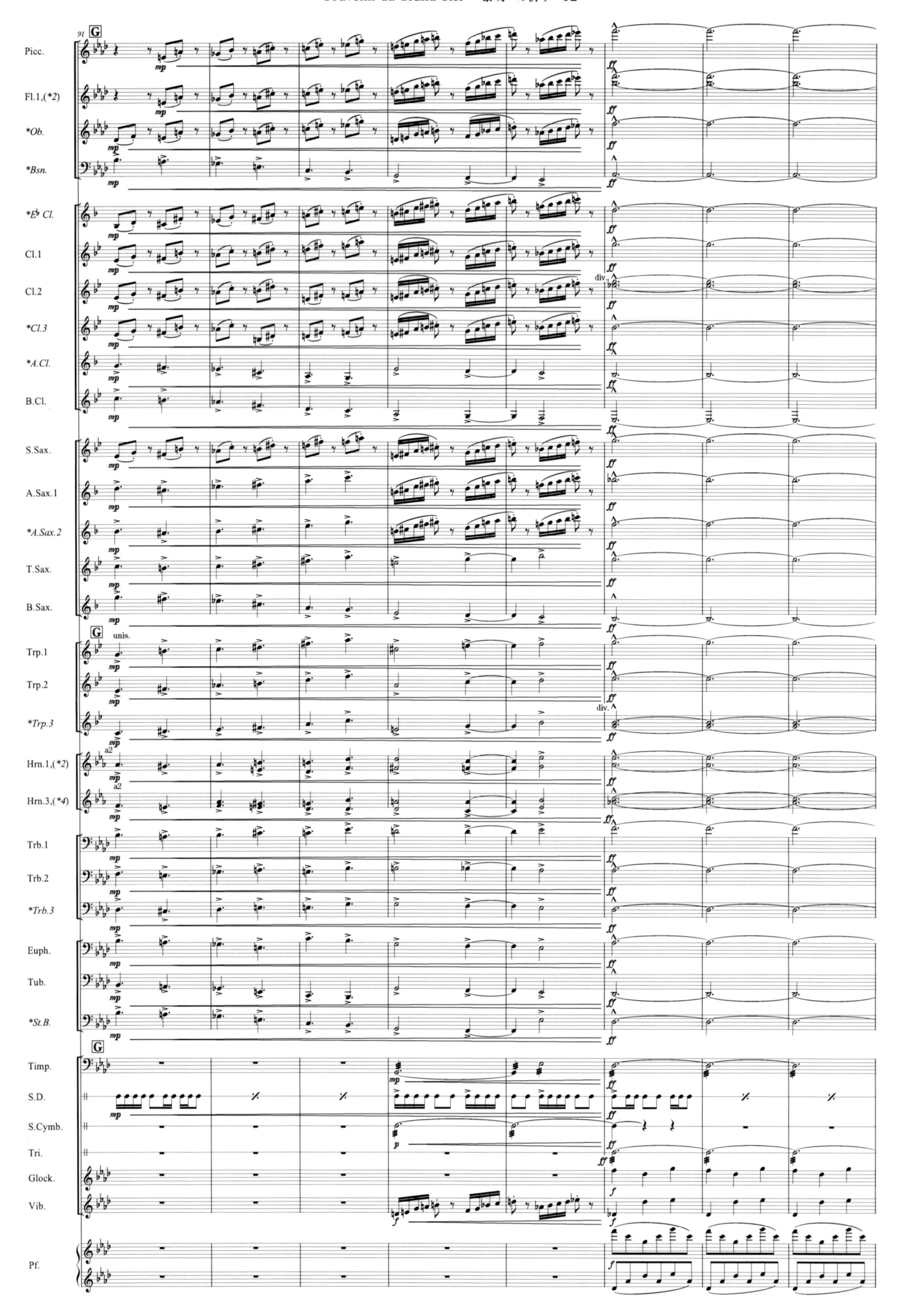

99
Picc.
Fl.1,(*2)
*Ob.
*Bsn.
*E♭ Cl.
Cl.1
Cl.2
unis.
*Cl.3
*A.Cl.
B.Cl.
S.Sax.
A.Sax.1
*A.Sax.2
T.Sax.
B.Sax.
Trp.1
Trp.2
unis.
*Trp.3
mp
Hrn.1,(*2)
Hrn.3,(*4)
Trb.1
Trb.2
*Trb.3
Euph.
Tub.
*St.B.
Timp.
ff
3 Toms
ff
B.D.
Tri.
Glock.
mf
Vib.
mf
Pf.
mf

107
Picc.
Fl.1,(*2)
*Ob.
*Bsn.
*E♭ Cl.
Cl.1
Cl.2
*Cl.3
*A.Cl.
B.Cl.
S.Sax.
A.Sax.1
*A.Sax.2
T.Sax.
B.Sax.
Trp.1
Trp.2
*Trp.3
Hrn.1,(*2)
Hrn.3,(*4)
Trb.1
Trb.2
*Trb.3
Euph.
Tub.
*St.B.
Timp.
S.D.
B.D.
Tri.
Glock.
Vib.
Pf.
rit.
H ♩=72
1. One player
Solo
Fl.
Opt.Fl.Solo
Solo
p freely
pizz.
mp
ppp
mf
pp
p

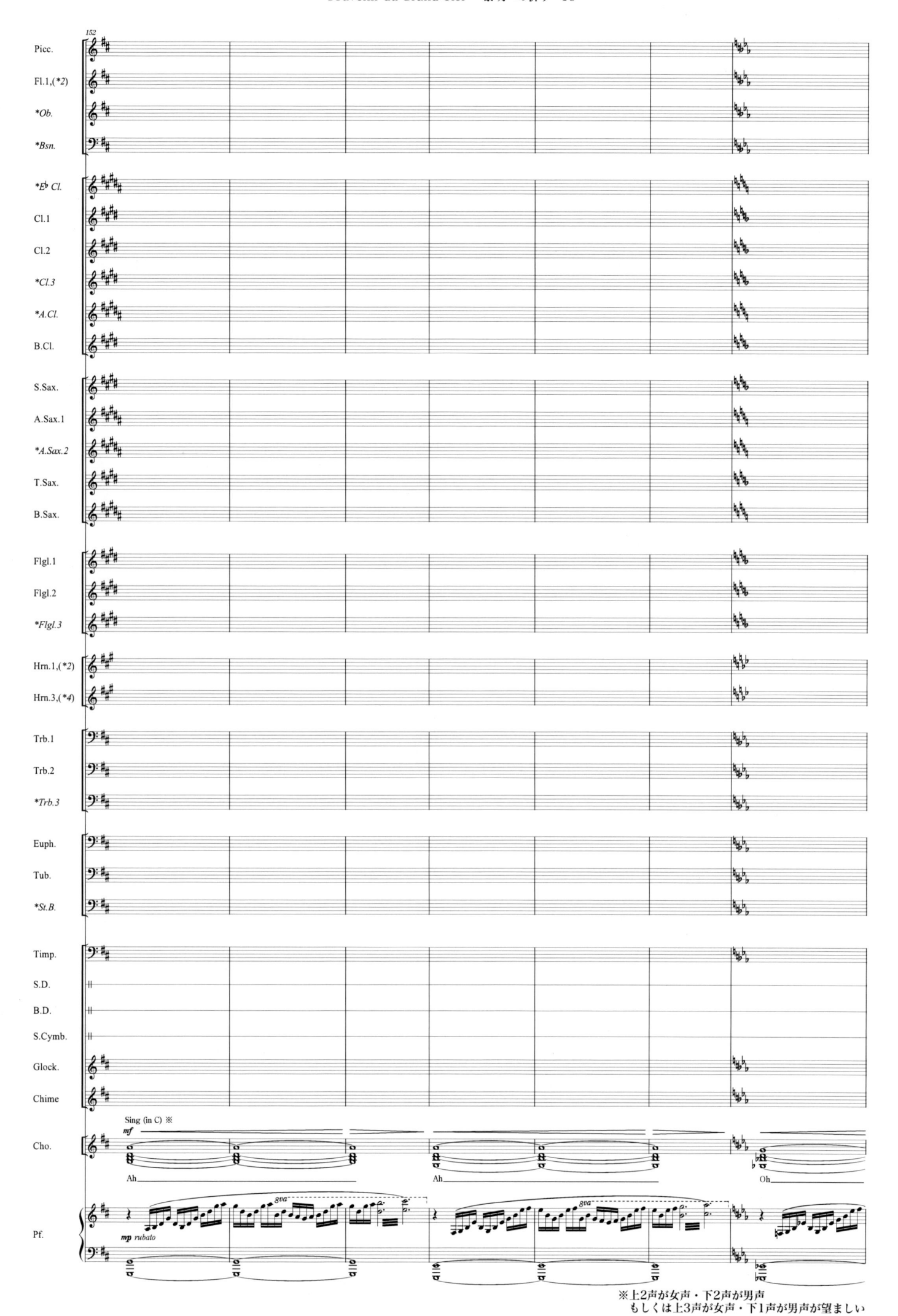

※上2声が女声・下2声が男声
　もしくは上3声が女声・下1声が男声が望ましい

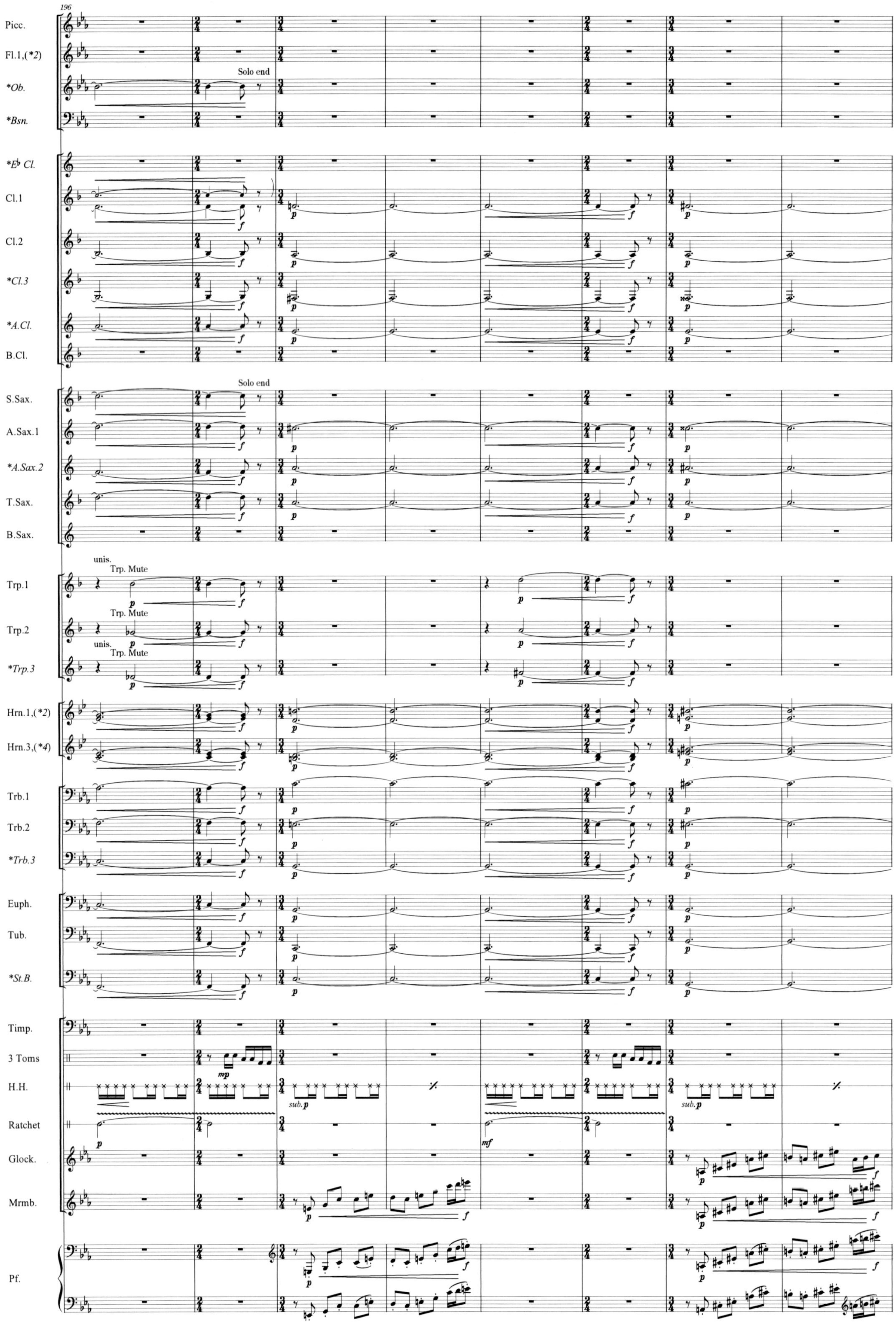
196
Picc.
Fl.1,(*2)
*Ob.
Solo end
*Bsn.
*E♭ Cl.
Cl.1
Cl.2
*Cl.3
*A.Cl.
B.Cl.
S.Sax.
Solo end
A.Sax.1
*A.Sax.2
T.Sax.
B.Sax.
unis.
Trp. Mute
Trp.1
Trp.2
Trp. Mute
unis.
Trp. Mute
*Trp.3
Hrn.1,(*2)
Hrn.3,(*4)
Trb.1
Trb.2
*Trb.3
Euph.
Tub.
*St.B.
Timp.
3 Toms
H.H.
sub.p
Ratchet
Glock.
Mrmb.
Pf.

210
Q
Picc.
Fl.1,(*2)
*Ob.
*Bsn.
*E♭ Cl.
Cl.1
Cl.2
*Cl.3
*A.Cl.
B.Cl.
S.Sax.
A.Sax.1
*A.Sax.2
T.Sax.
B.Sax.
Trp.1
Trp.2
*Trp.3
Hrn.1,(*2)
Hrn.3,(*4)
Trb.1
Trb.2
*Trb.3
Euph.
Tub.
*St.B.
Timp.
S.D.
H.H.
Tamb.
Glock.
Vib.
Pf.
a2
ff appassionata
Open
ff
f

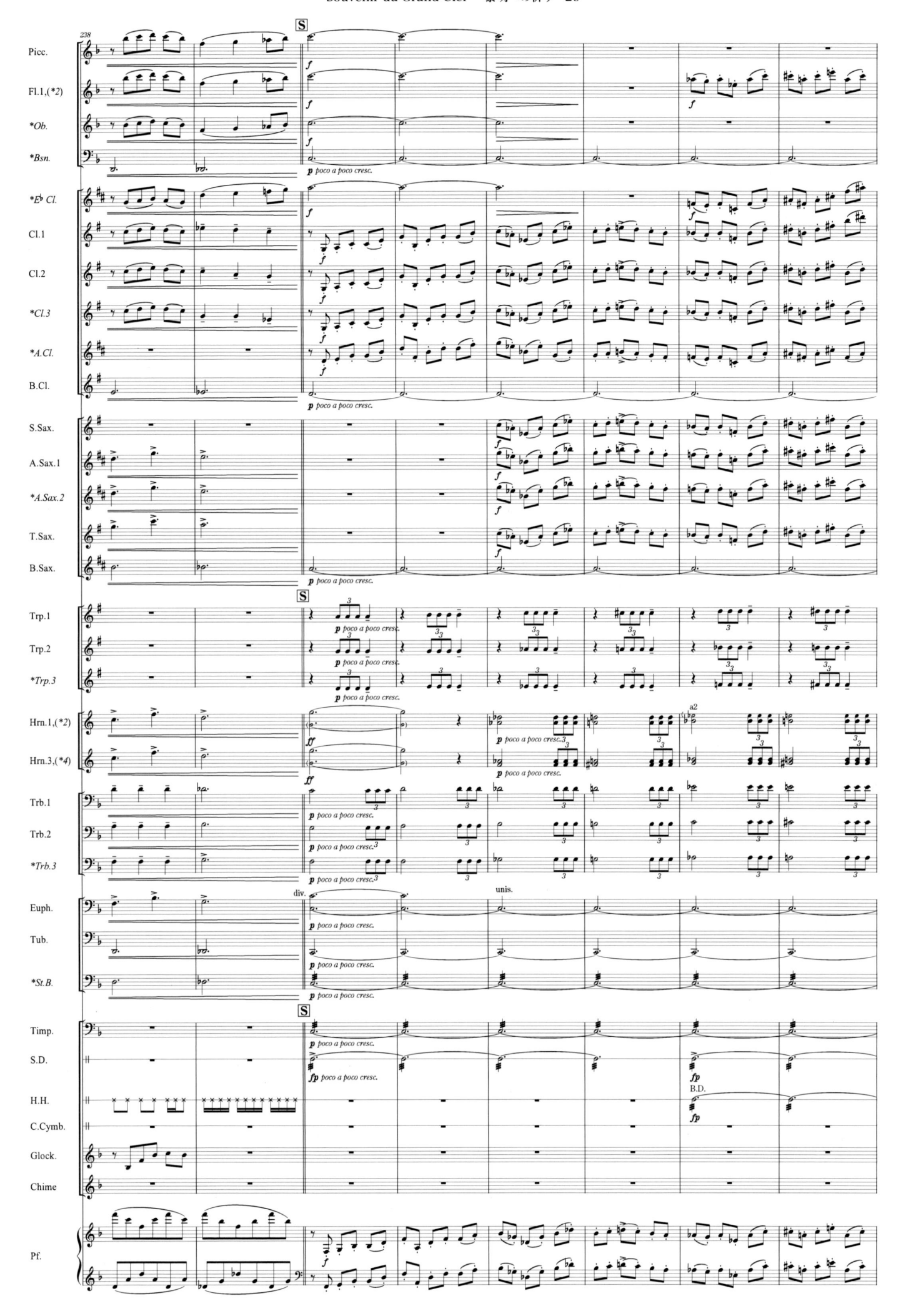

246
rit.
G.P.
T ♩=138 ca.
Picc.
Fl.1,(*2)
*Ob.
*Bsn.
*E♭ Cl.
Cl.1
Cl.2
*Cl.3
*A.Cl.
B.Cl.
S.Sax.
A.Sax.1
*A.Sax.2
T.Sax.
B.Sax.
Trp.1
Trp.2
*Trp.3
Hrn.1,(*2)
Hrn.3,(*4)
Trb.1
Trb.2
*Trb.3
Euph.
Tub.
*St.B.
Timp.
S.D.
B.D.
C.Cymb.
Glock.
Chime
Pf.
a2
Tri.
fff non dim.

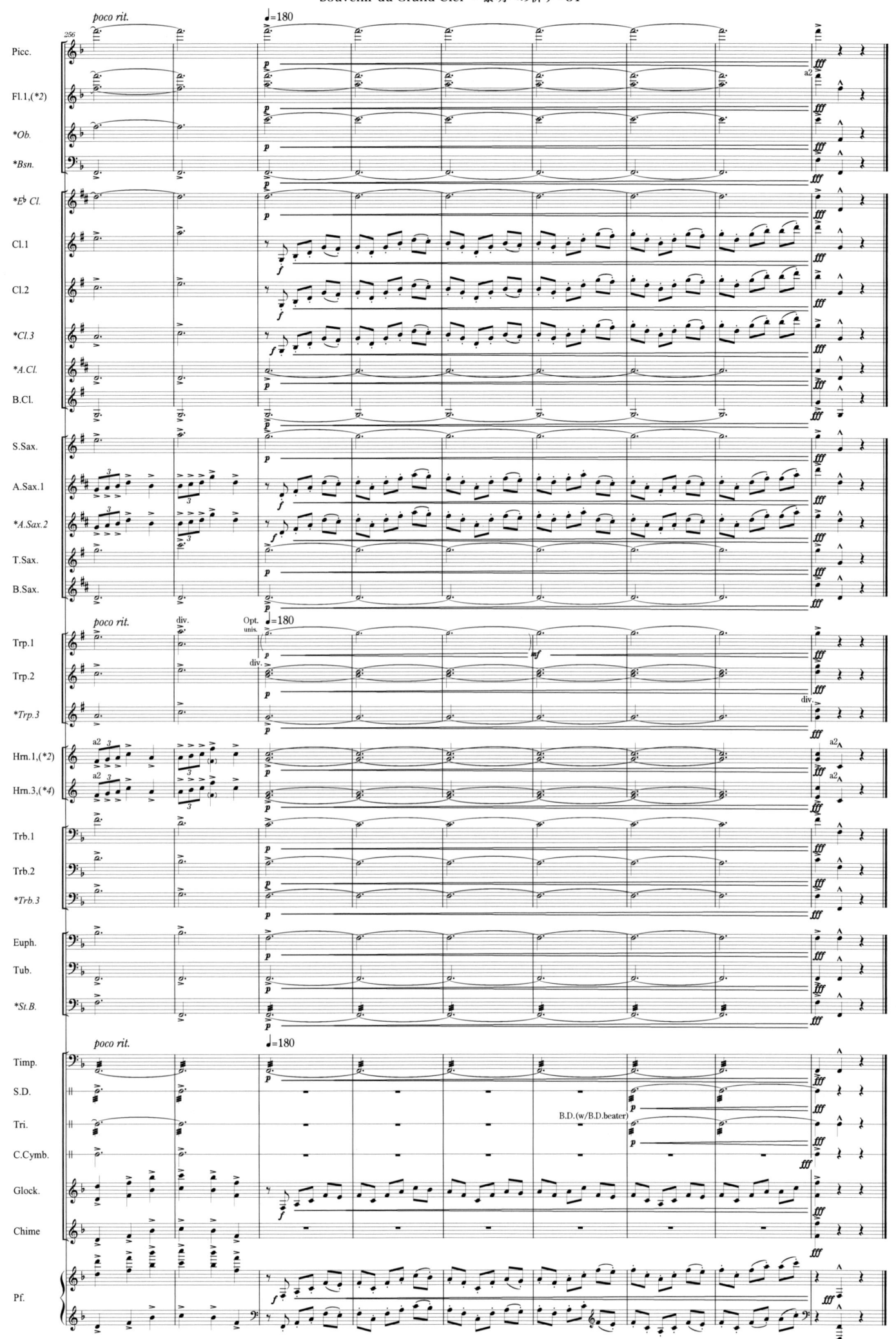

ご注文について

ウィンズスコアの商品は全国の楽器店、ならびに書店にてお求めになれますが、店頭でのご購入が困難な場合、当社PC＆モバイルサイト・FAX・電話からのご注文で、直接ご購入が可能です。

◎当社PCサイトでのご注文方法

http://www.winds-score.com

上記のURLへアクセスし、WEBショップにてご注文ください。

◎FAXでのご注文方法

FAX.03-6809-0594

24時間、ご注文を承ります。当社サイトよりFAXご注文用紙をダウンロードし、印刷、ご記入の上ご送信ください。

◎お電話でのご注文方法

TEL.0120-713-771

営業時間内に電話いただければ、電話にてご注文を承ります。

◎モバイルサイトでのご注文方法

右のQRコードを読み取ってアクセスいただくか、
URLを直接ご入力ください。

Souvenir du Grand Ciel ～ 黎明への祈り

郷間幹男　作曲

Flutes 1&2

Souvenir du Grand Ciel ～ 黎明への祈り

郷間幹男 作曲

Flutes 1&2

Souvenir du Grand Ciel ～ 黎明への祈り

郷間幹男　作曲

Oboe

Souvenir du Grand Ciel ～ 黎明への祈り

郷間幹男　作曲

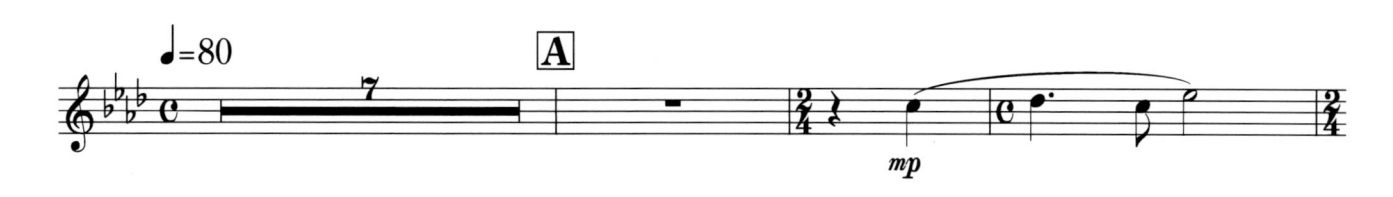

※上2声が女声・下2声が男声
もしくは上3声が女声・下1声が男声が望ましい

Bassoon

Souvenir du Grand Ciel ～ 黎明への祈り

郷間幹男 作曲

E♭ Clarinet

Souvenir du Grand Ciel ～ 黎明への祈り

郷間幹男　作曲

※上2声が女声・下2声が男声
　もしくは上3声が女声・下1声が男声が望ましい

Souvenir du Grand Ciel 〜 黎明への祈り

郷間幹男 作曲

B♭ Clarinet 1

※上2声が女声・下2声が男声
　もしくは上3声が女声・下1声が男声が望ましい

Souvenir du Grand Ciel ～ 黎明への祈り

郷間幹男 作曲

※上2声が女声・下2声が男声
もしくは上3声が女声・下1声が男声が望ましい

Souvenir du Grand Ciel ～ 黎明への祈り

郷間幹男 作曲

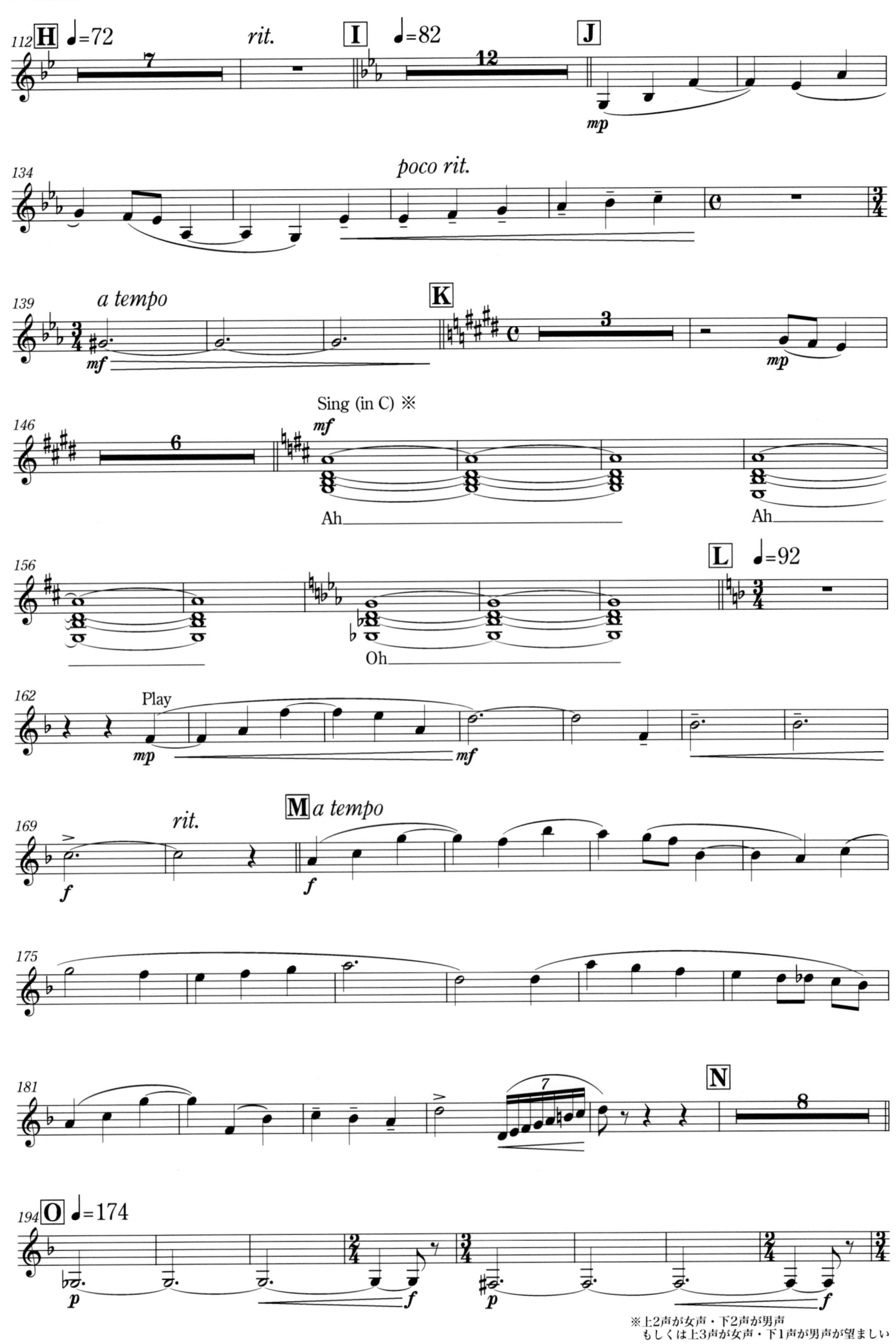

※上2声が女声・下2声が男声
もしくは上3声が女声・下1声が男声が望ましい

Alto Clarinet

Souvenir du Grand Ciel ～ 黎明への祈り

郷間幹男 作曲

※上2声が女声・下2声が男声
もしくは上3声が女声・下1声が男声が望ましい

Souvenir du Grand Ciel ～ 黎明への祈り

郷間幹男 作曲

Soprano Saxophone

Souvenir du Grand Ciel ～ 黎明への祈り

郷間幹男　作曲

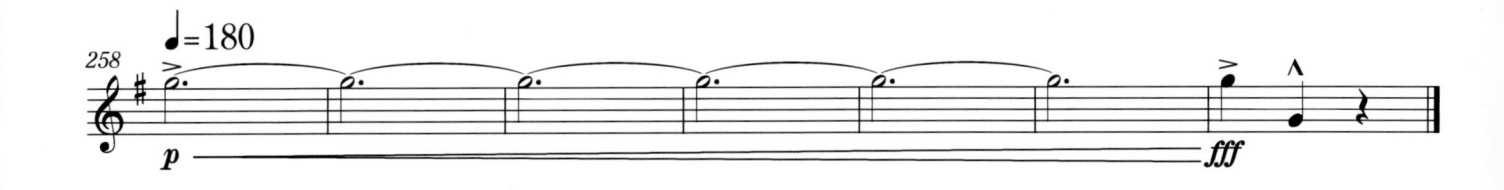

Souvenir du Grand Ciel ～ 黎明への祈り

郷間幹男　作曲

Alto Saxophone 2

Souvenir du Grand Ciel ～ 黎明への祈り

郷間幹男 作曲

※上2声が女声・下2声が男声
　もしくは上3声が女声・下1声が男声が望ましい

Souvenir du Grand Ciel ～ 黎明への祈り

郷間幹男 作曲

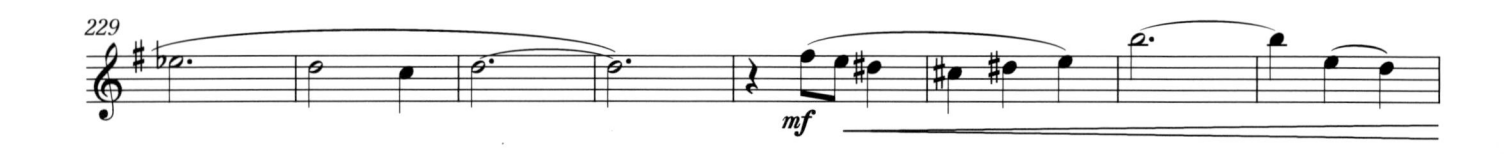

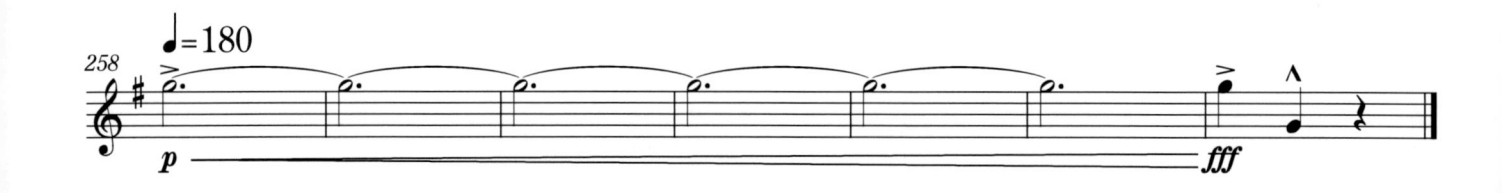

※上2声が女声・下2声が男声
もしくは上3声が女声・下1声が男声が望ましい

Souvenir du Grand Ciel 〜 黎明への祈り

Baritone Saxophone

郷間幹男 作曲

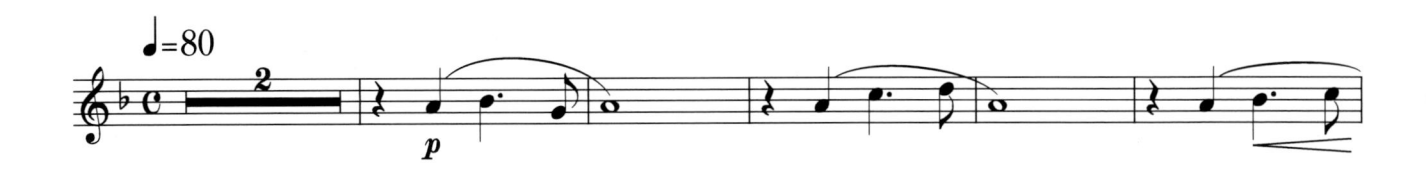

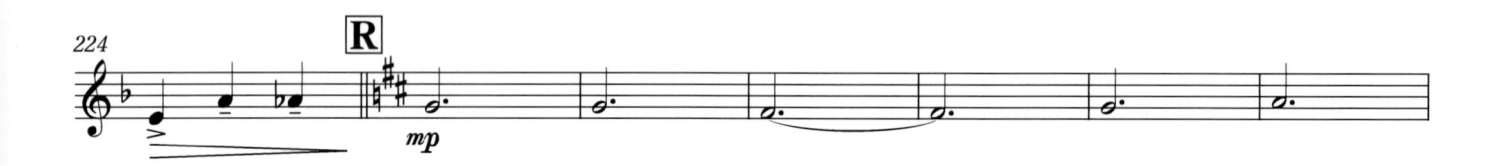

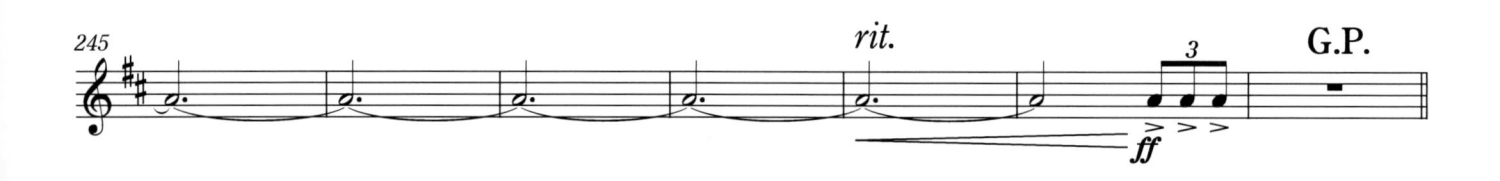

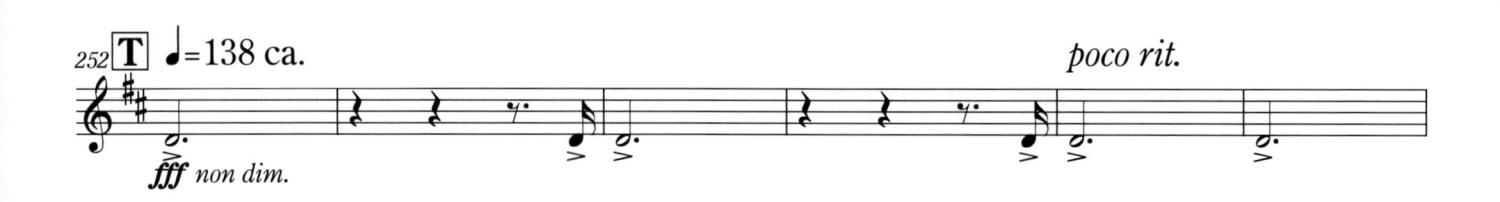

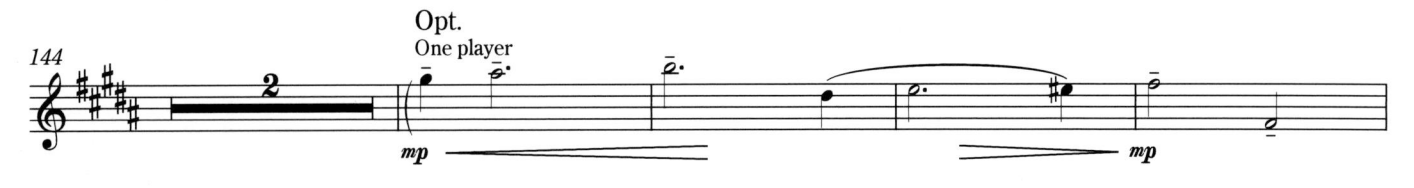
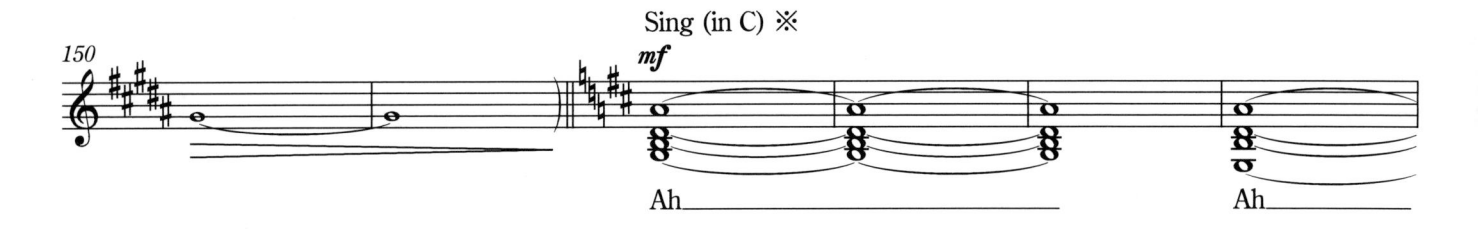
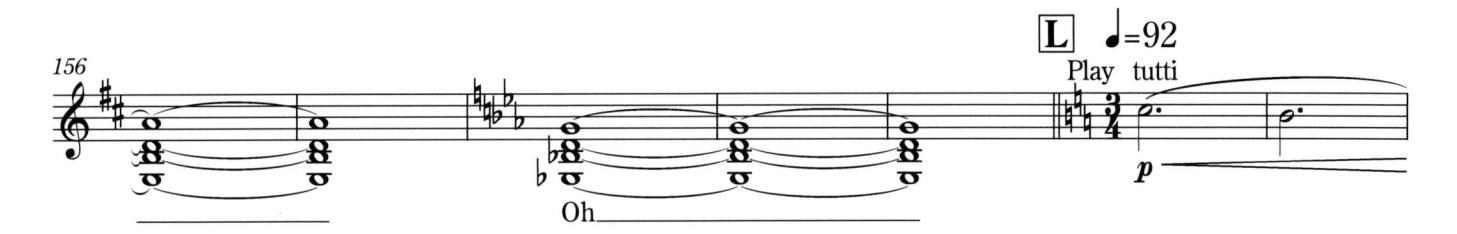

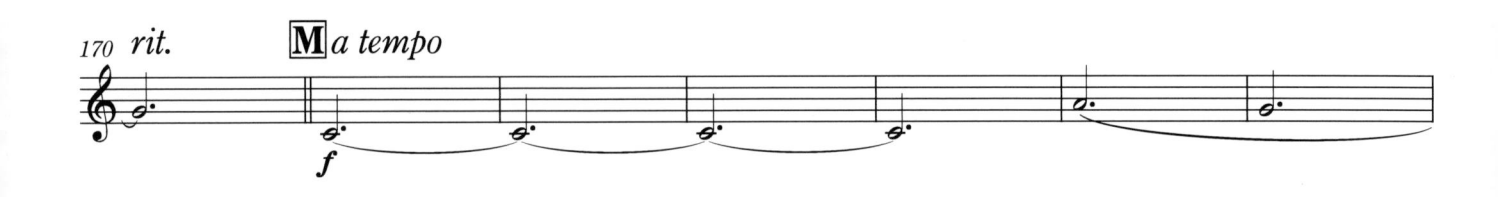

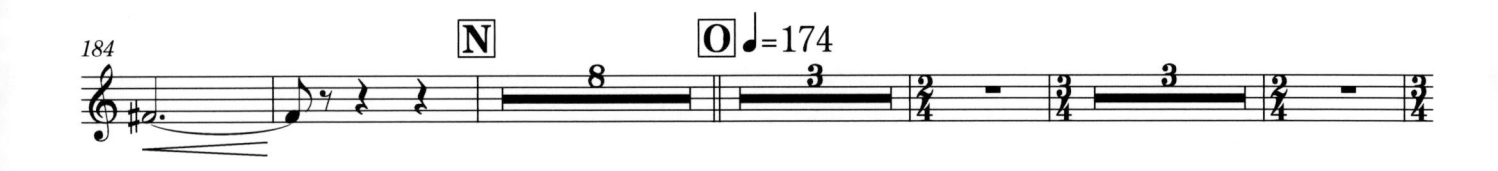

※上2声が女声・下2声が男声
もしくは上3声が女声・下1声が男声が望ましい

B♭ Trumpet 1 & Flugelhorn 1
Souvenir du Grand Ciel ～ 黎明への祈り

郷間幹男 作曲

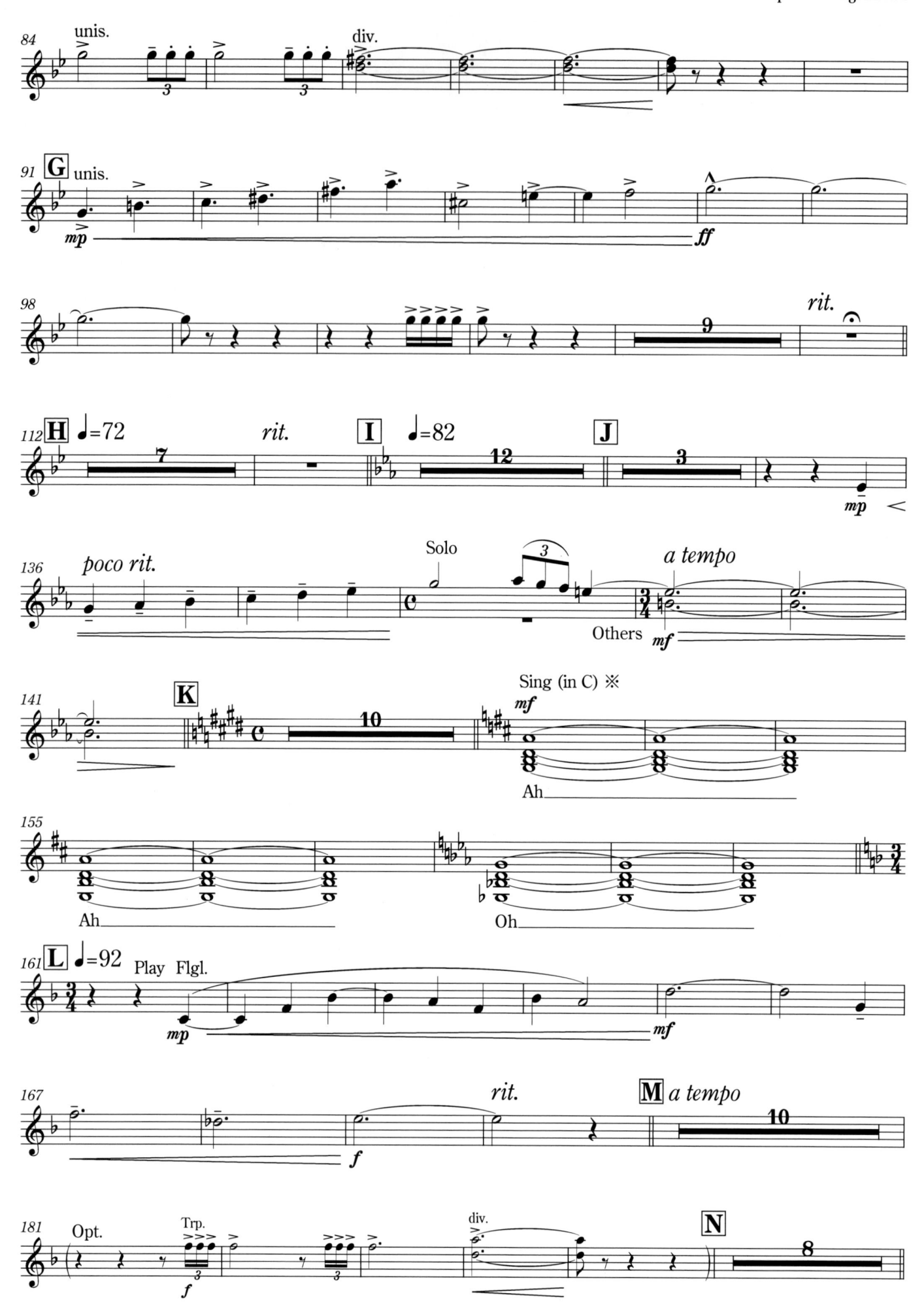

※上2声が女声・下2声が男声
もしくは上3声が女声・下1声が男声が望ましい

B♭ Trumpet 1 & Flugelhorn 1
Souvenir du Grand Ciel ～ 黎明への祈り

郷間幹男 作曲

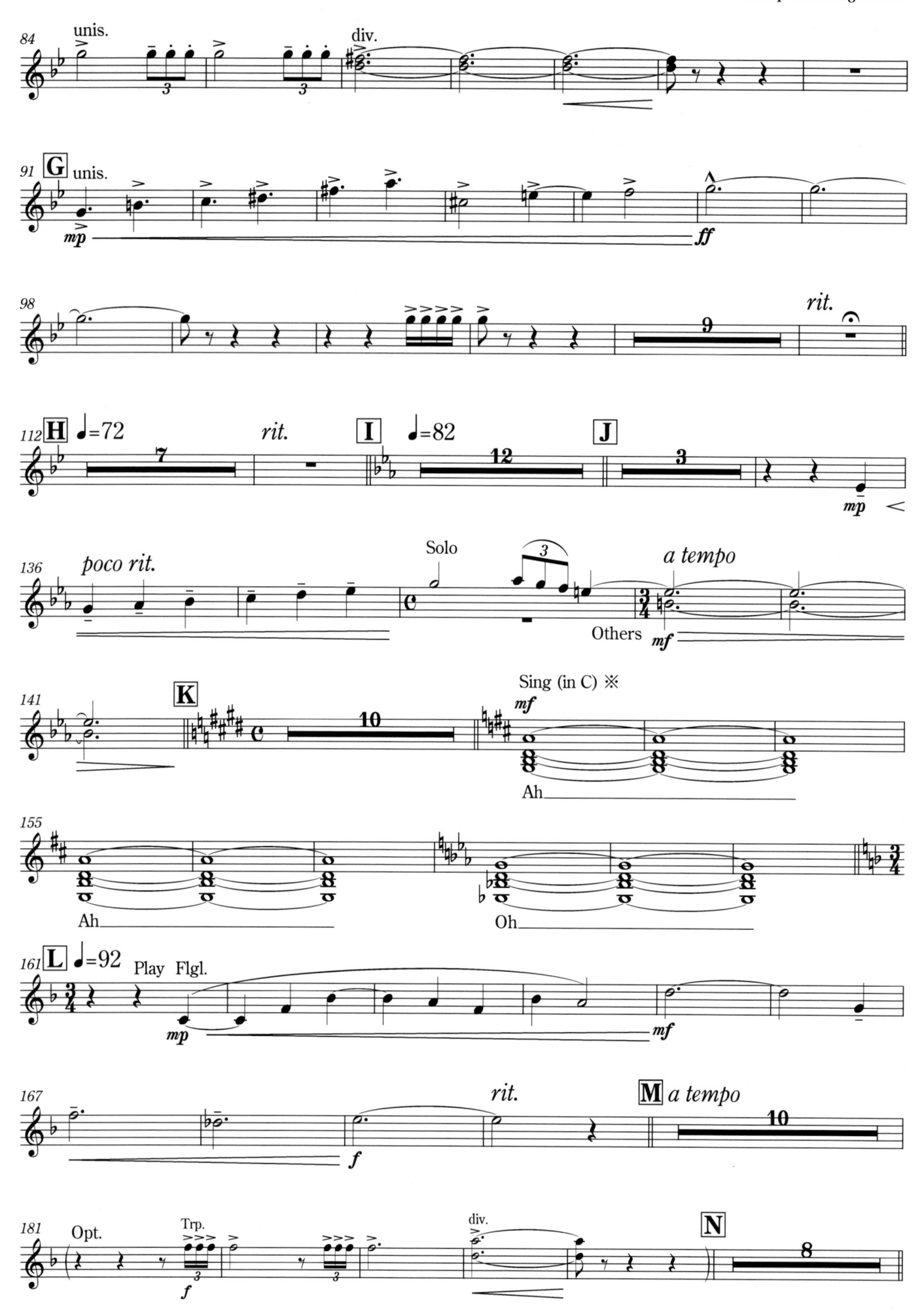

Souvenir du Grand Ciel 〜 黎明への祈り

郷間幹男 作曲

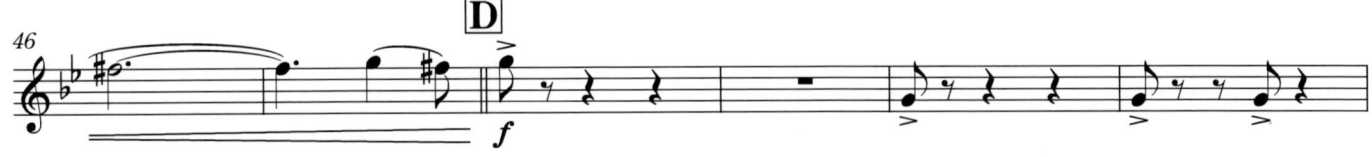

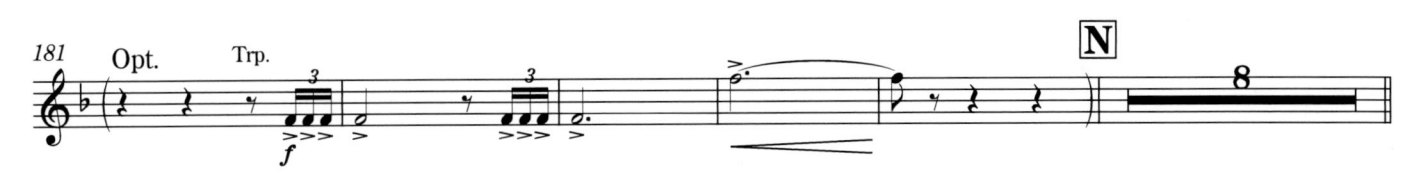

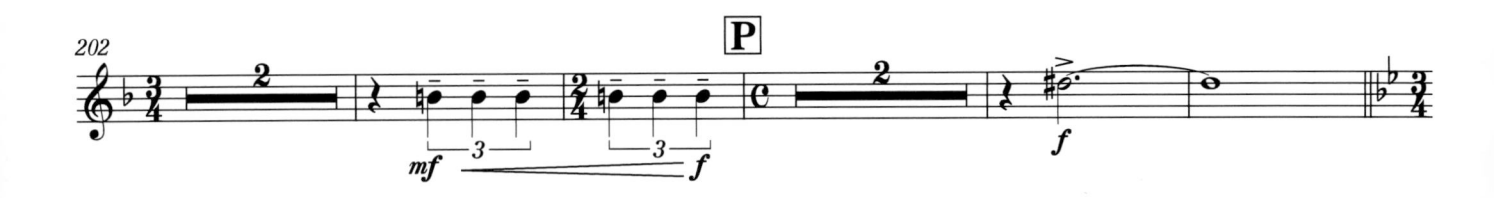

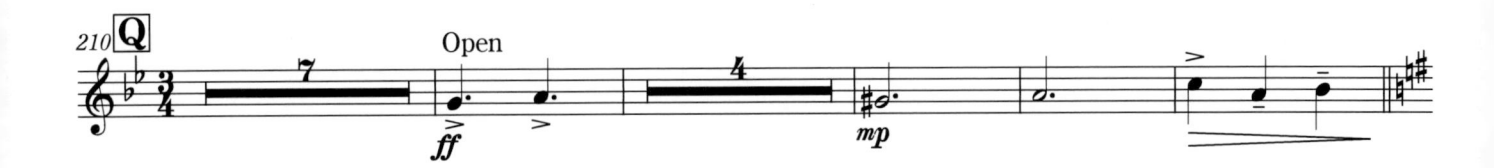

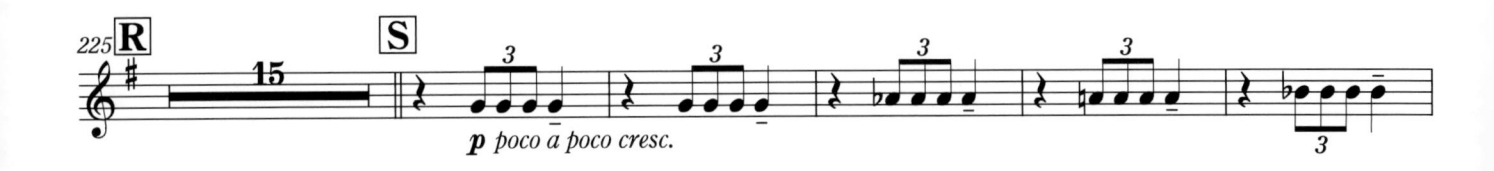

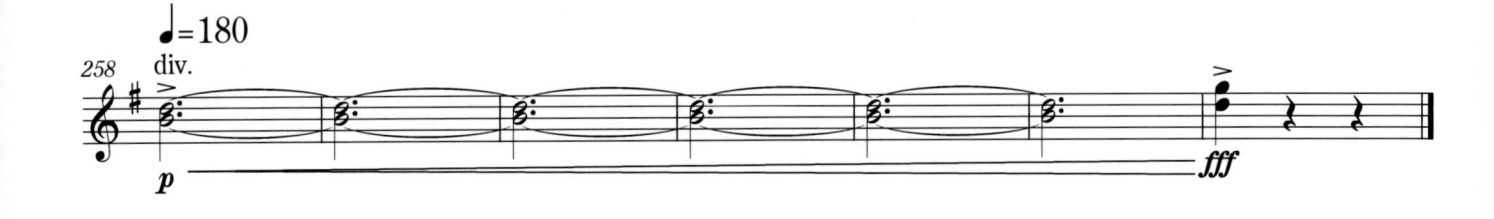

Souvenir du Grand Ciel 〜 黎明への祈り

郷間幹男　作曲

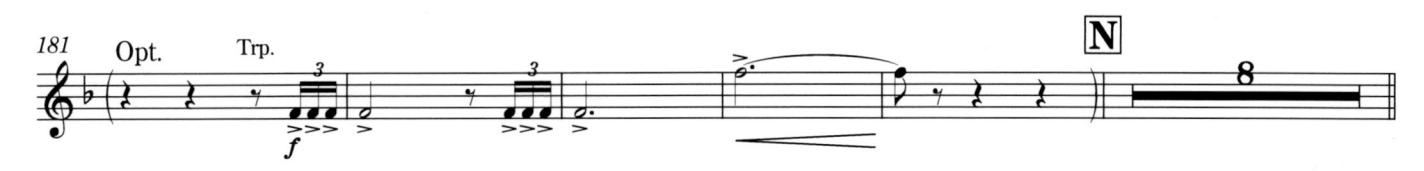

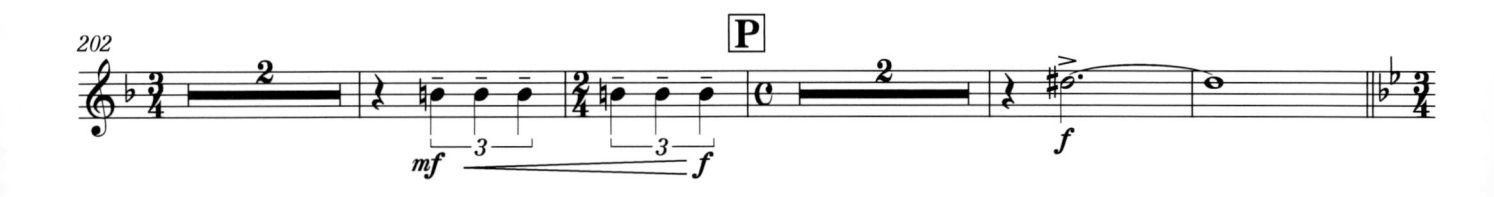

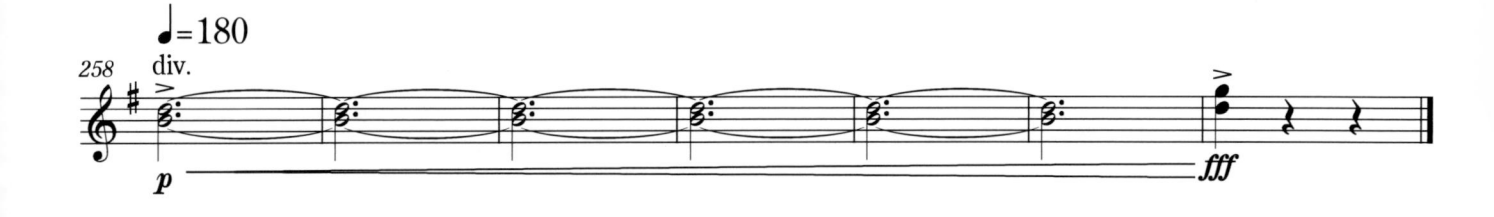

Souvenir du Grand Ciel 〜 黎明への祈り

郷間幹男 作曲

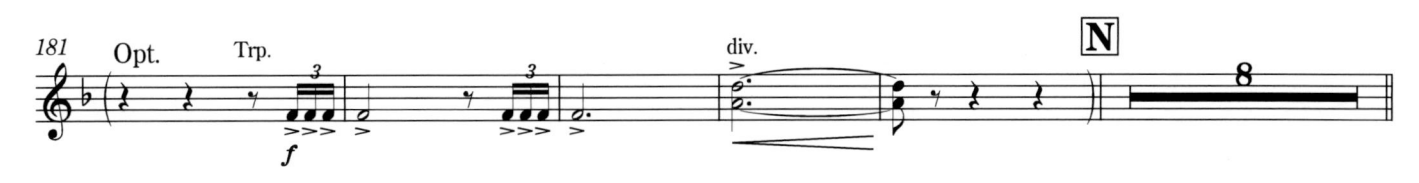

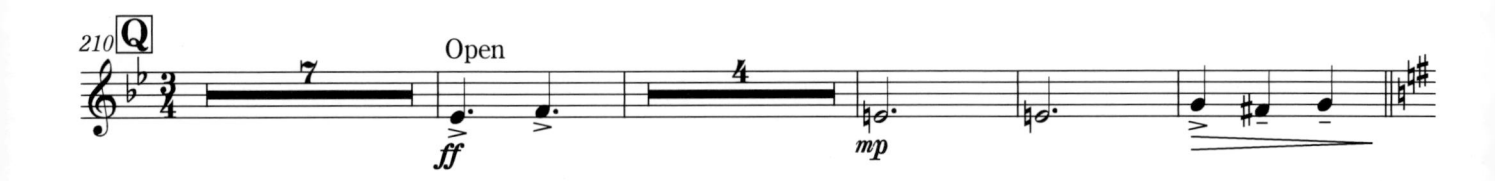

B♭ Trumpet 3 & Flugelhorn 3

Souvenir du Grand Ciel ～ 黎明への祈り

郷間幹男　作曲

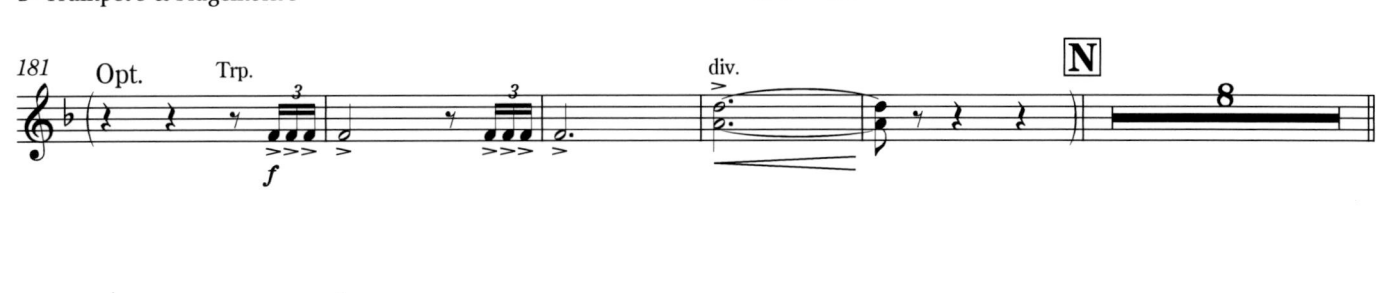

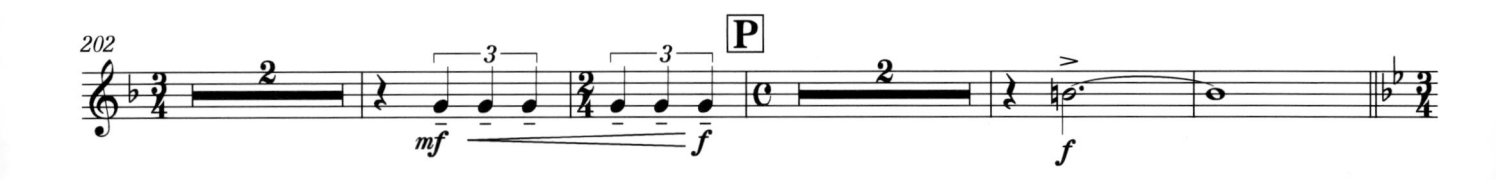

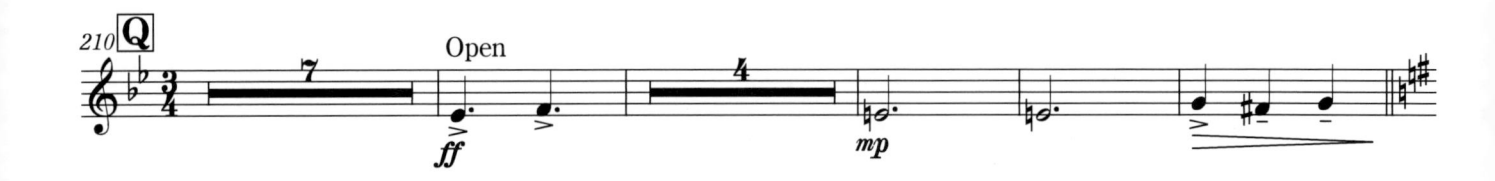

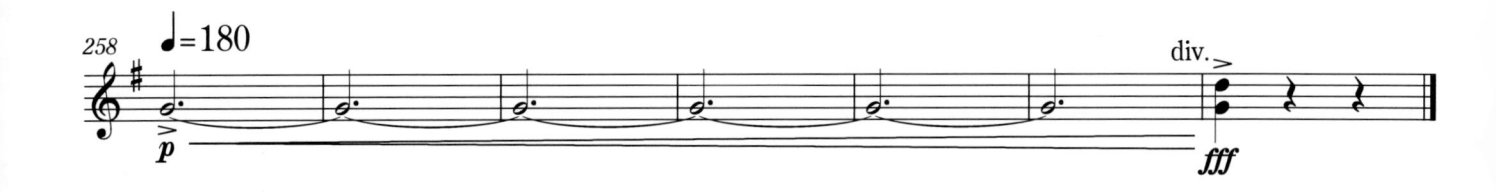

※上2声が女声・下2声が男声
もしくは上3声が女声・下1声が男声が望ましい

Souvenir du Grand Ciel ～ 黎明への祈り

郷間幹男　作曲

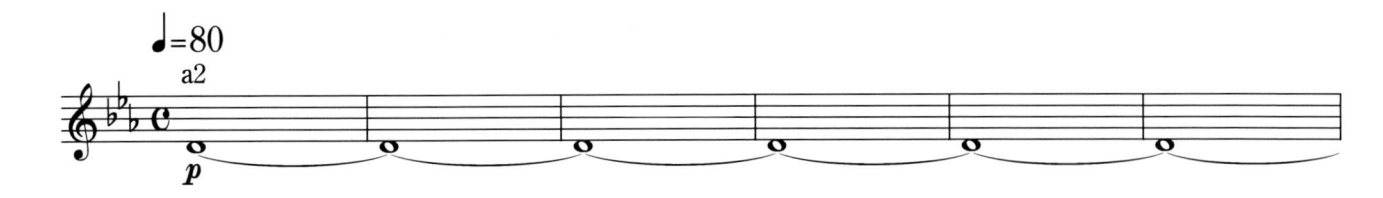

※上2声が女声・下2声が男声
もしくは上3声が女声・下1声が男声が望ましい

Souvenir du Grand Ciel ～ 黎明への祈り

郷間幹男　作曲

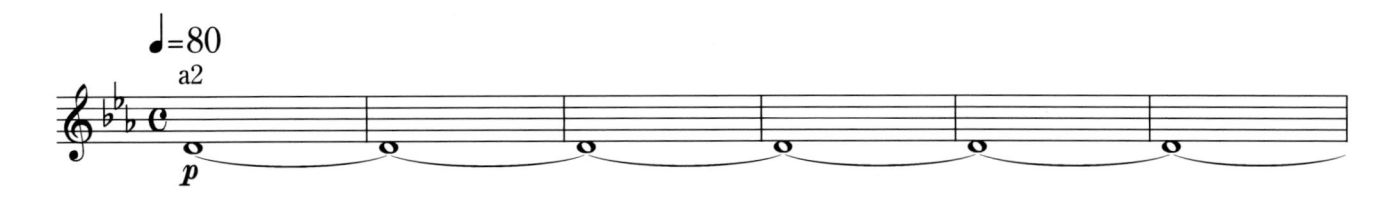

Souvenir du Grand Ciel ～ 黎明への祈り

郷間幹男 作曲

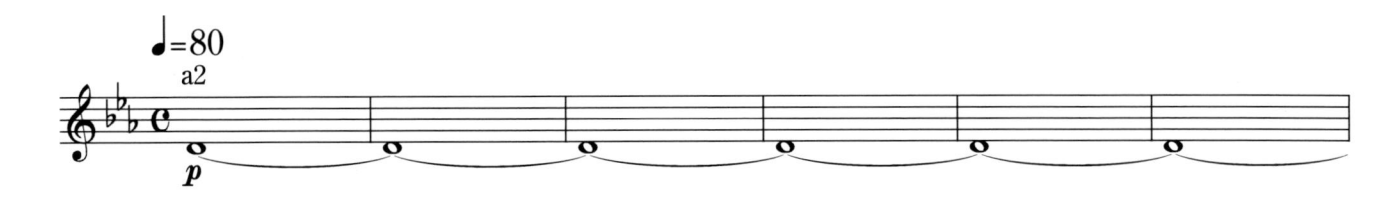

Souvenir du Grand Ciel ～ 黎明への祈り

郷間幹男　作曲

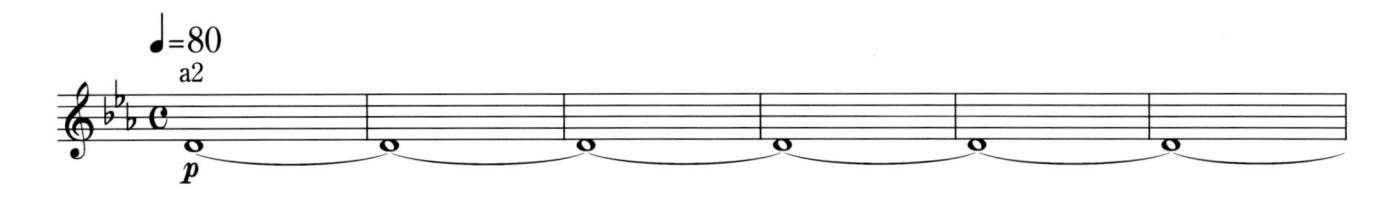

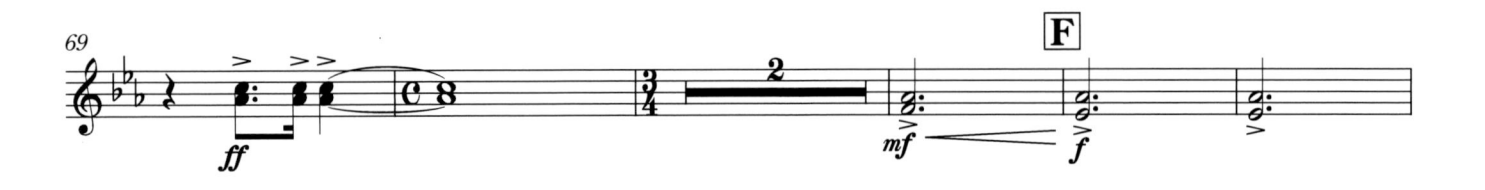

Trombone 1

Souvenir du Grand Ciel ～ 黎明への祈り

郷間幹男 作曲

※上2声が女声・下2声が男声
もしくは上3声が女声・下1声が男声が望ましい

Trombone 2

Souvenir du Grand Ciel ～ 黎明への祈り

郷間幹男　作曲

※上2声が女声・下2声が男声
もしくは上3声が女声・下1声が男声が望ましい

Trombone 3

Souvenir du Grand Ciel ～ 黎明への祈り

郷間幹男　作曲

※上2声が女声・下2声が男声
もしくは上3声が女声・下1声が男声が望ましい

Souvenir du Grand Ciel ～ 黎明への祈り

郷間幹男　作曲

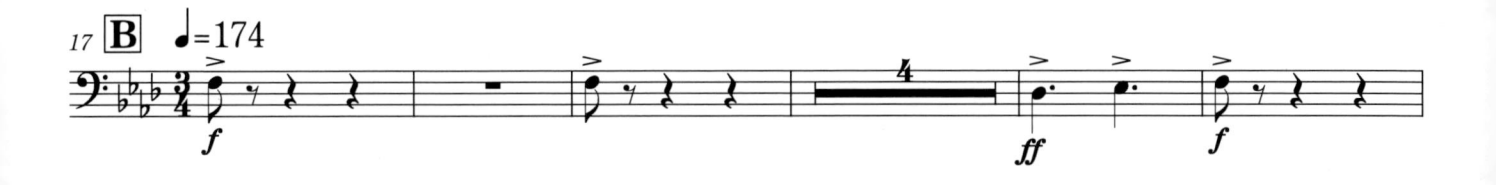

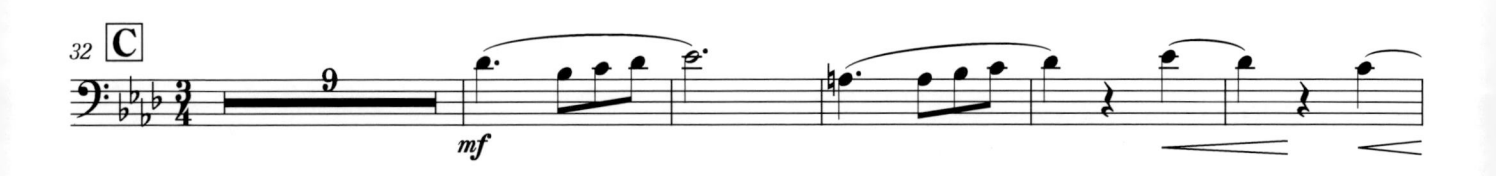

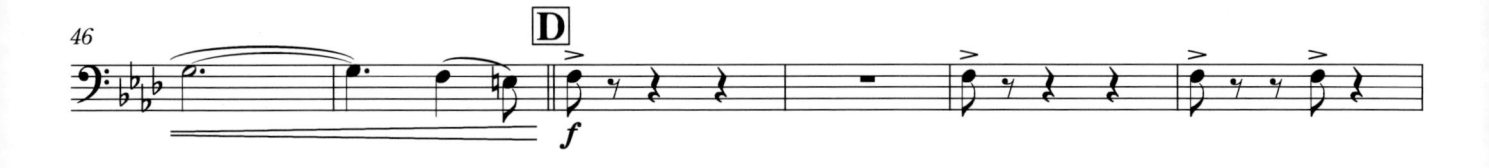

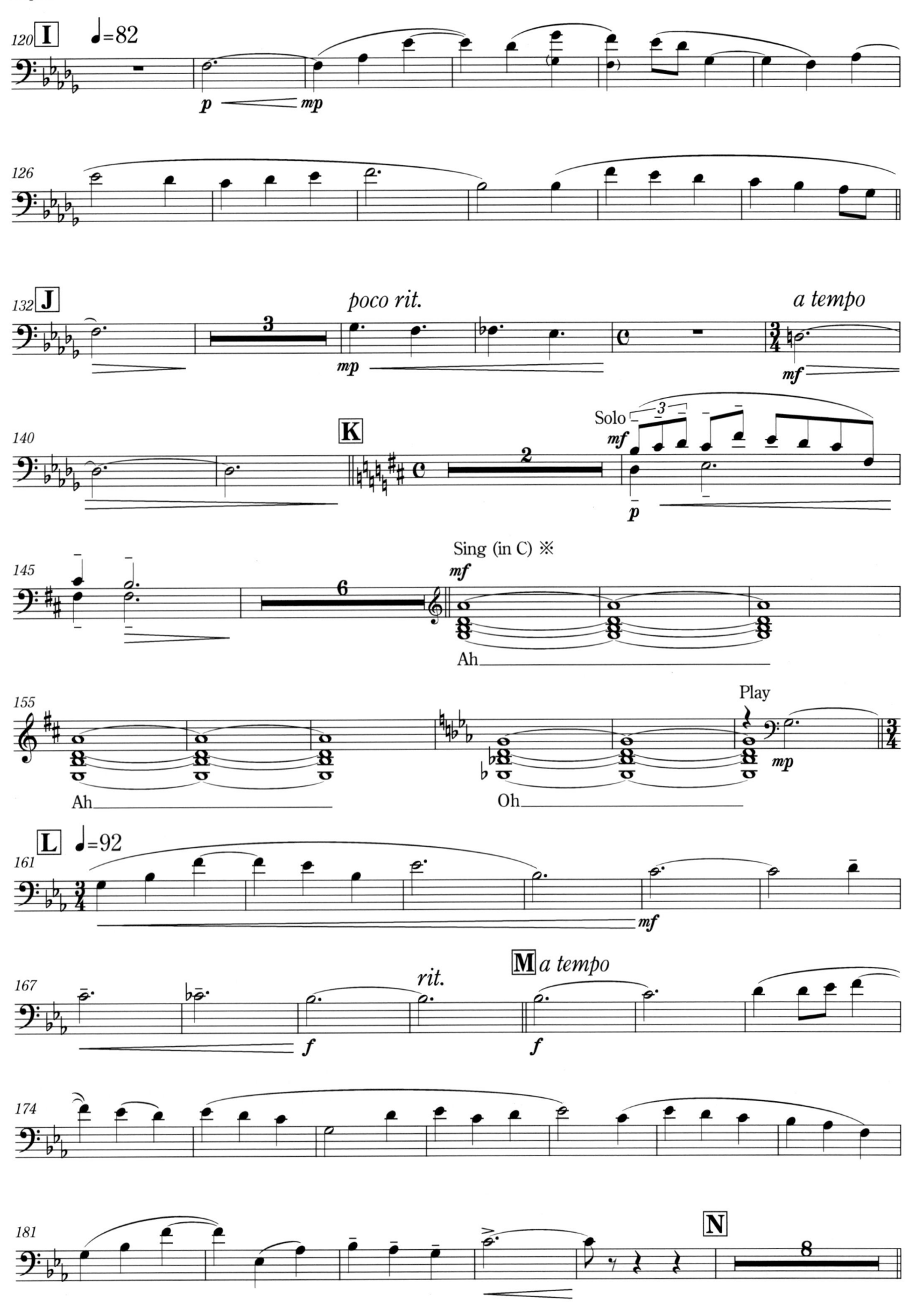

※上2声が女声・下2声が男声
　もしくは上3声が女声・下1声が男声が望ましい

Souvenir du Grand Ciel ～ 黎明への祈り

郷間幹男　作曲

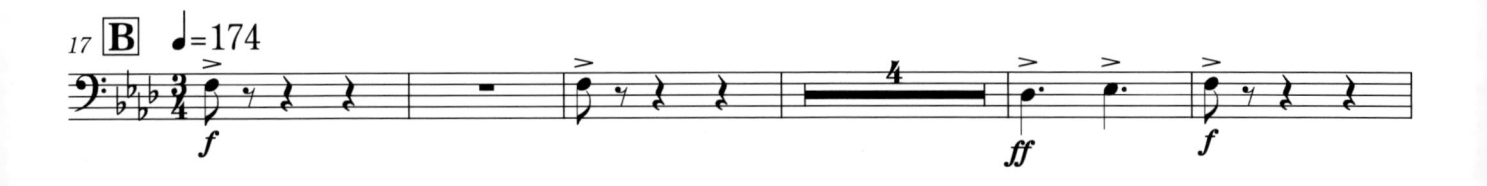

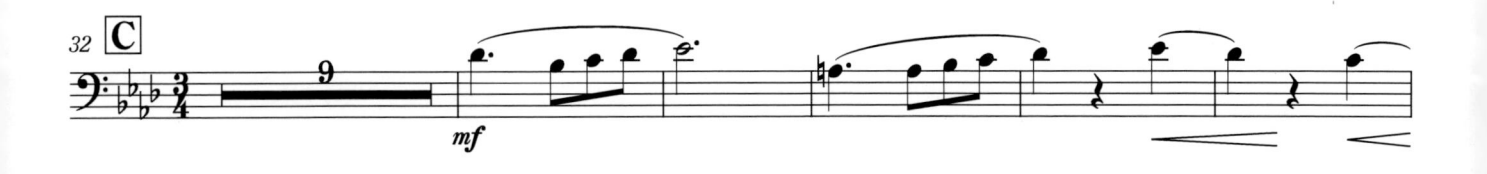

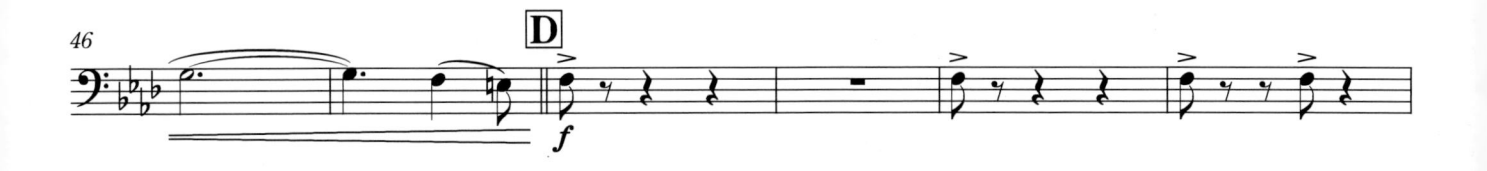

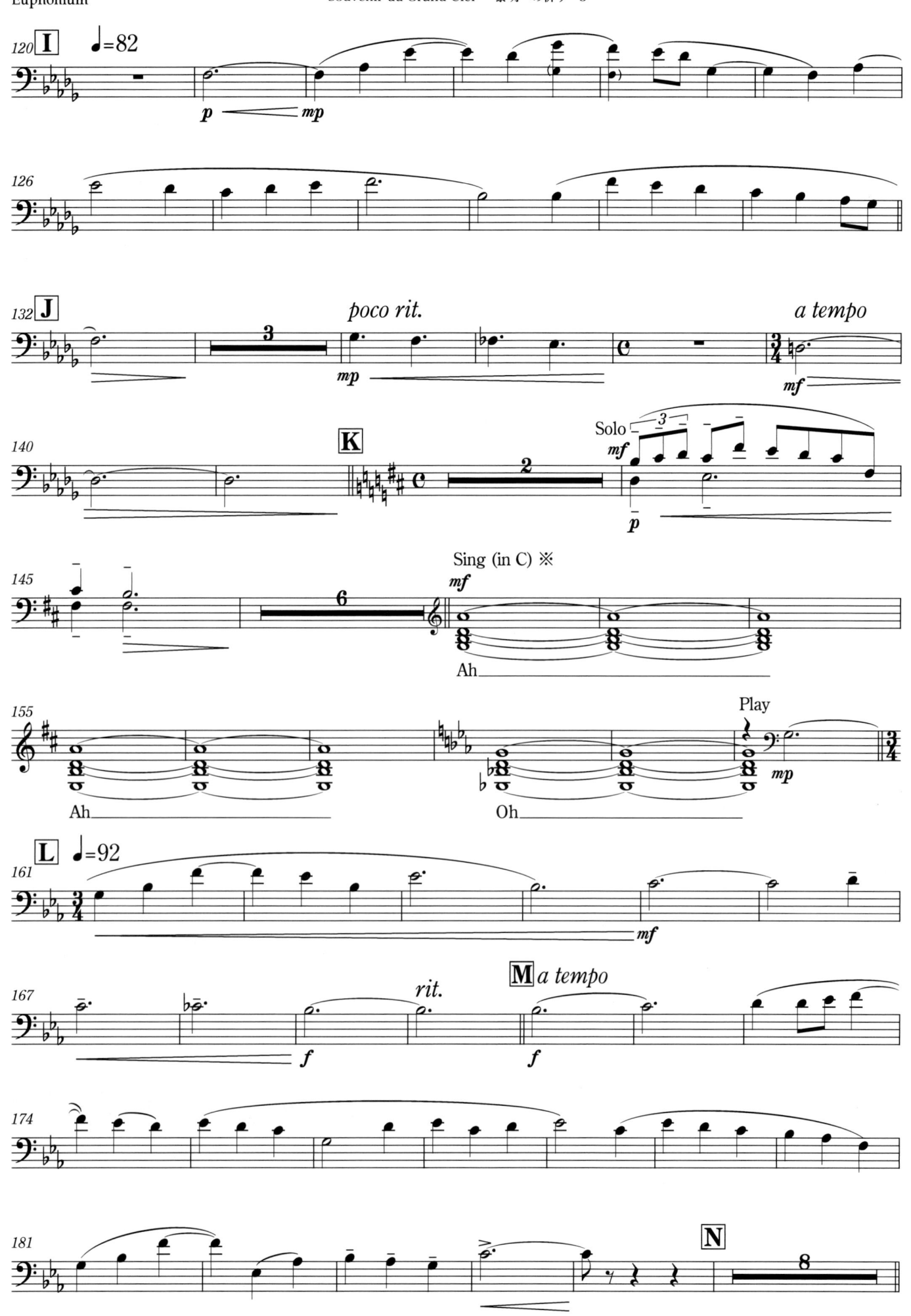

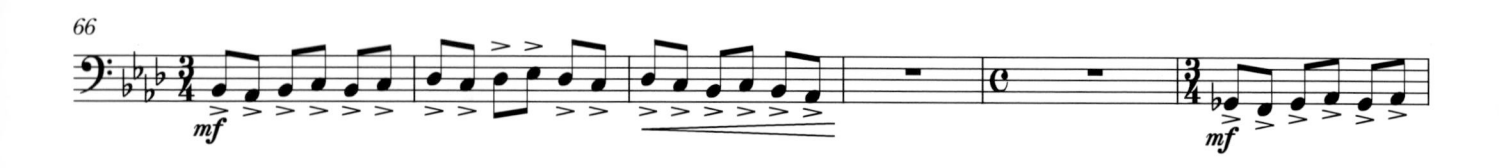

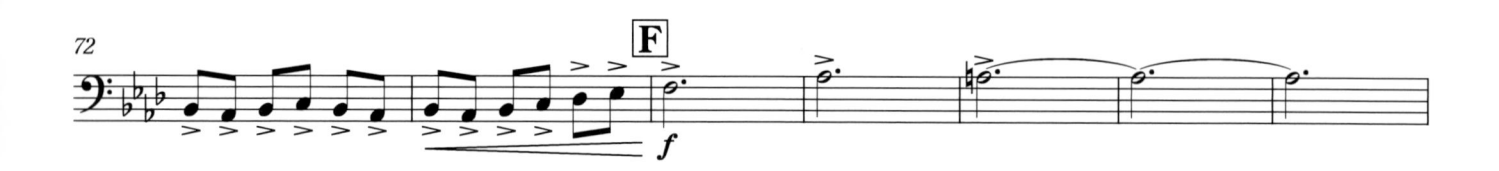

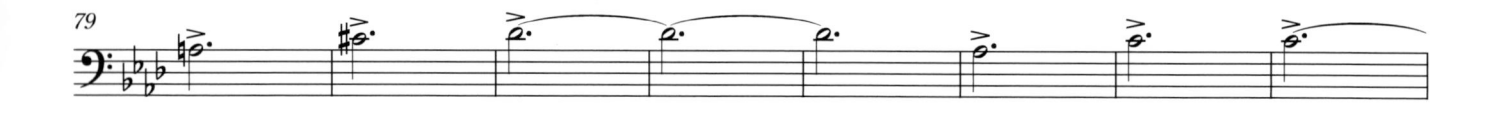

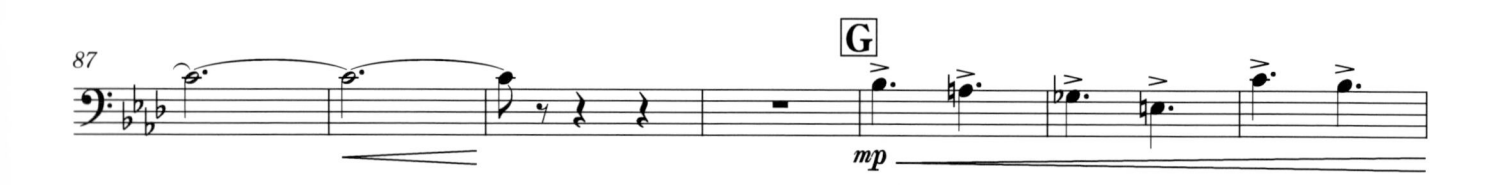

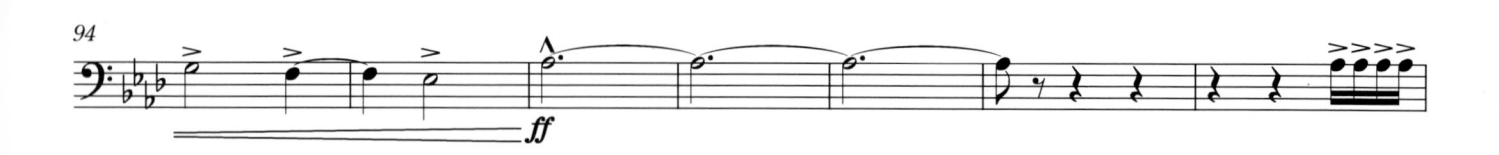

Tuba

Souvenir du Grand Ciel 〜 黎明への祈り

郷 間 幹 男　作曲

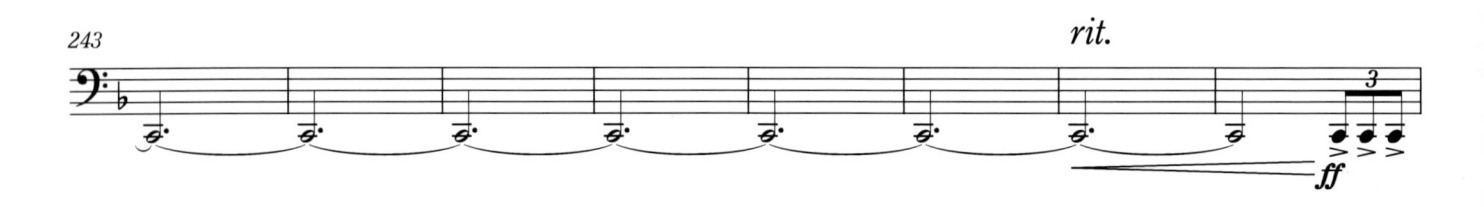

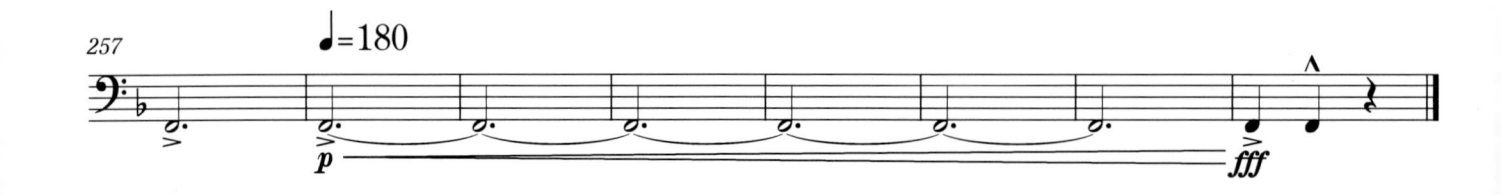

※上2声が女声・下2声が男声
もしくは上3声が女声・下1声が男声が望ましい

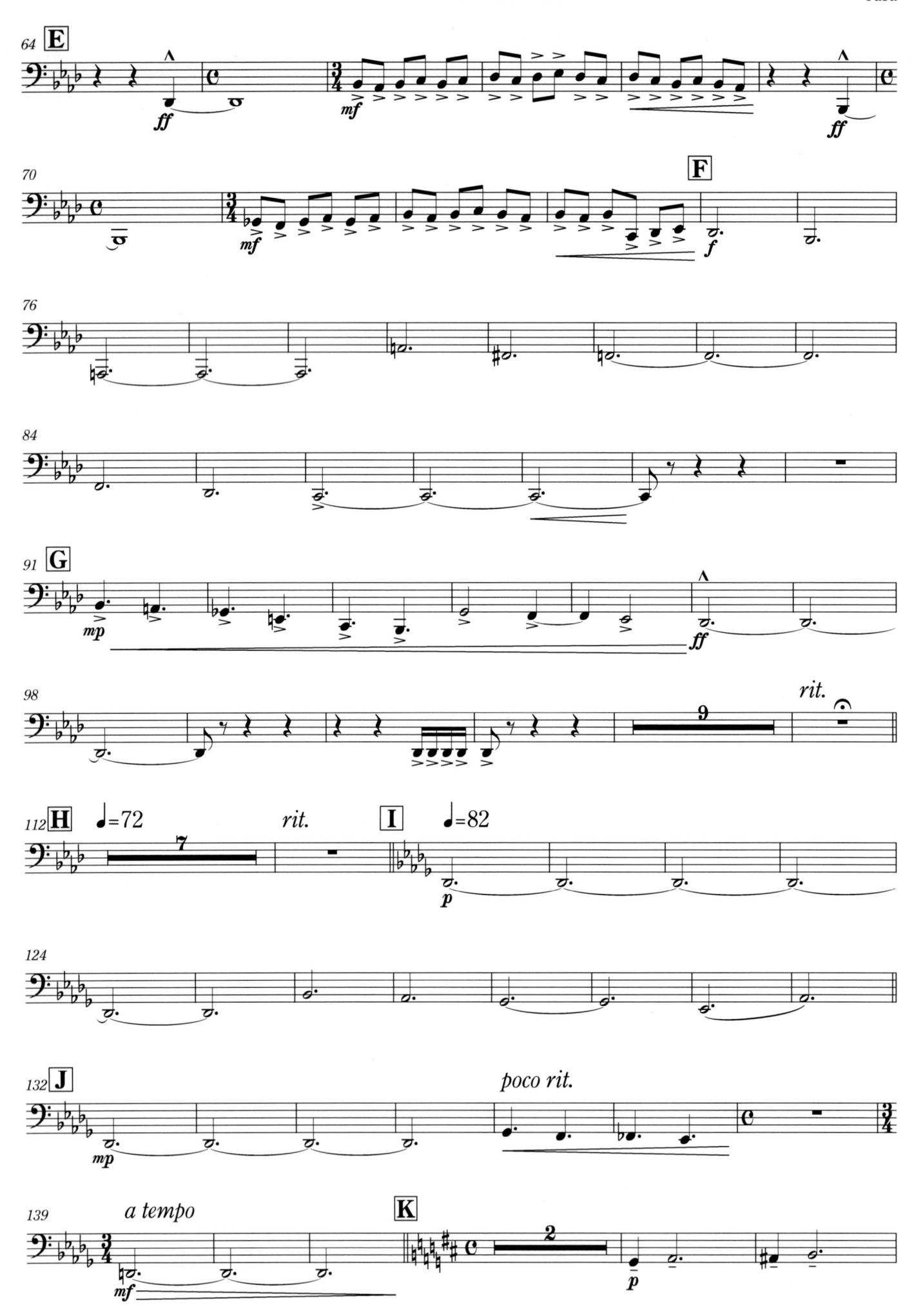

Souvenir du Grand Ciel 〜 黎明への祈り

郷間幹男 作曲

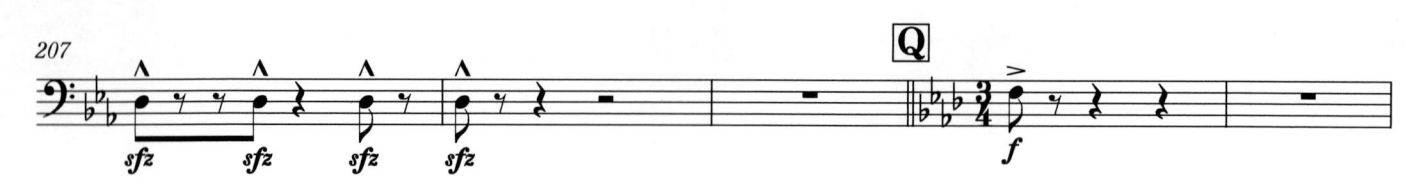

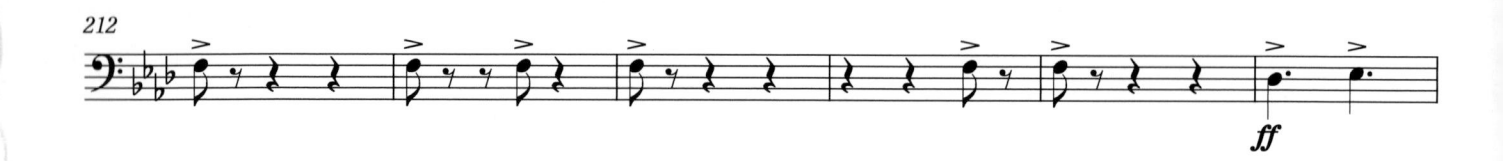

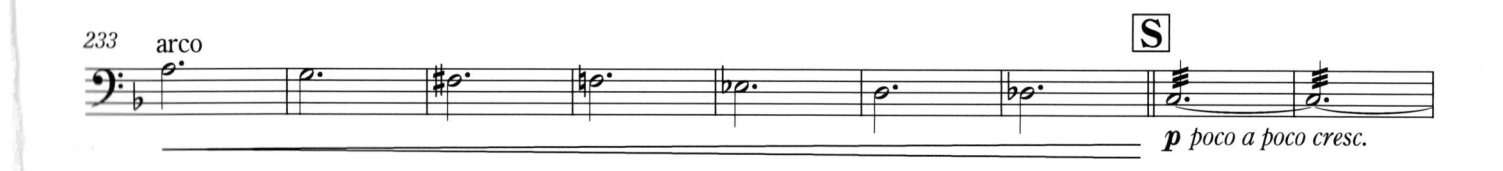

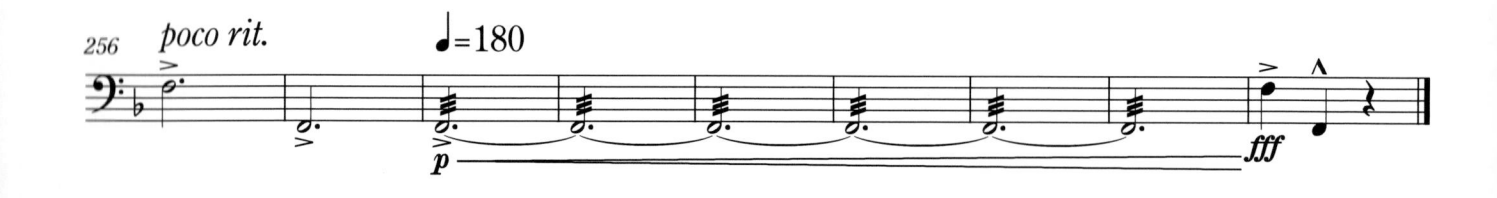

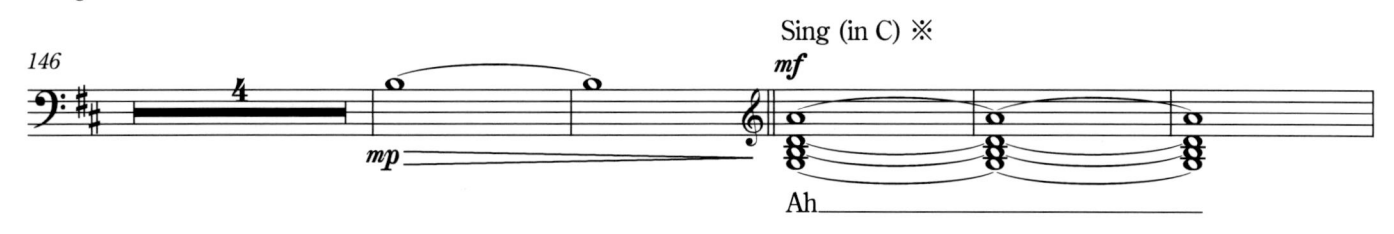

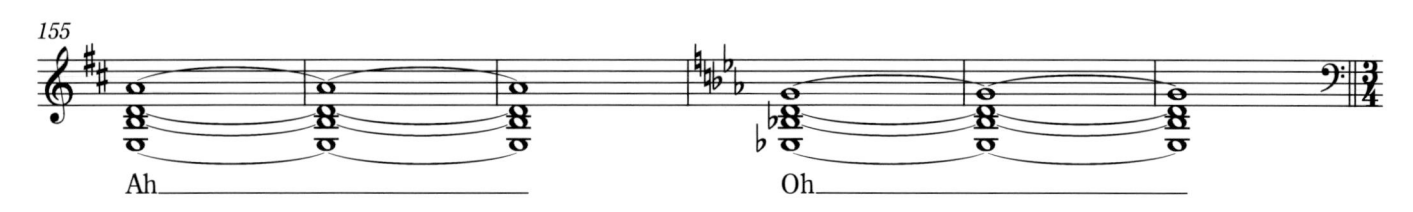

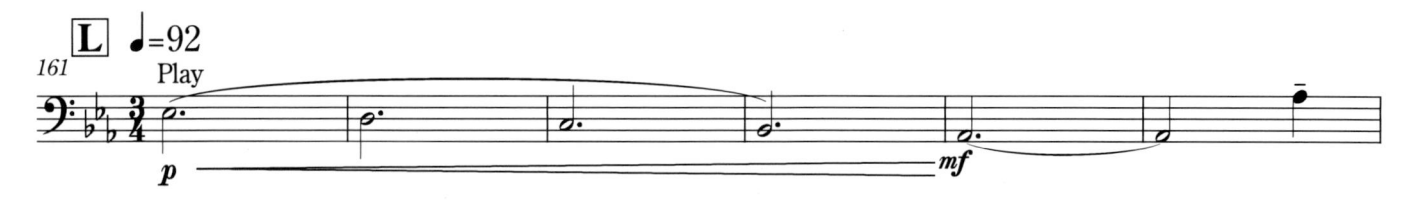

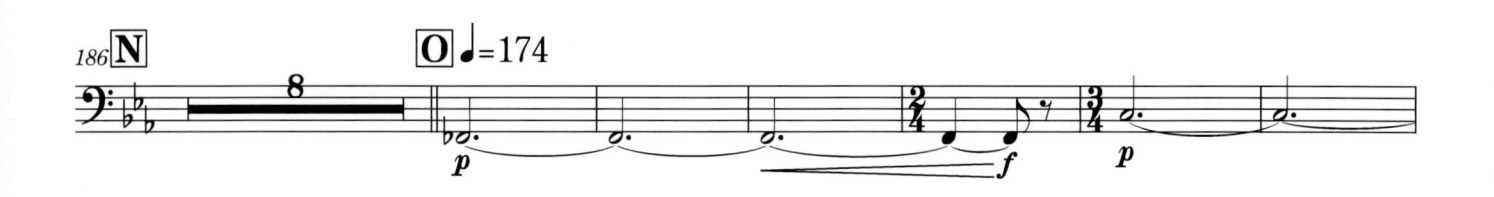

※上2声が女声・下2声が男声
　もしくは上3声が女声・下1声が男声が望ましい

Timpani

Souvenir du Grand Ciel ～ 黎明への祈り

郷間幹男 作曲

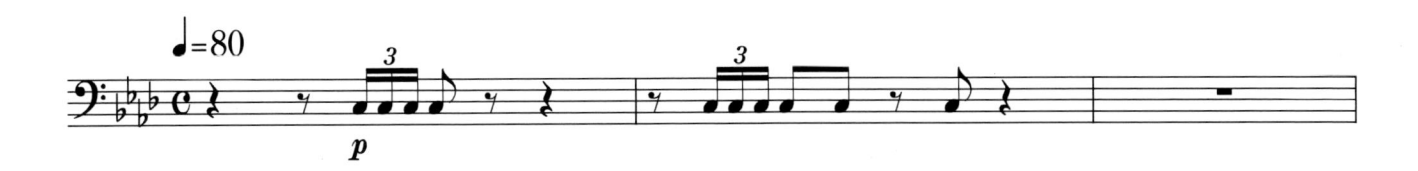

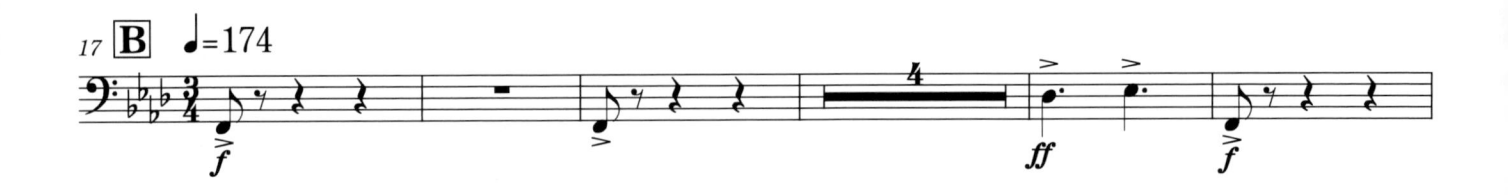

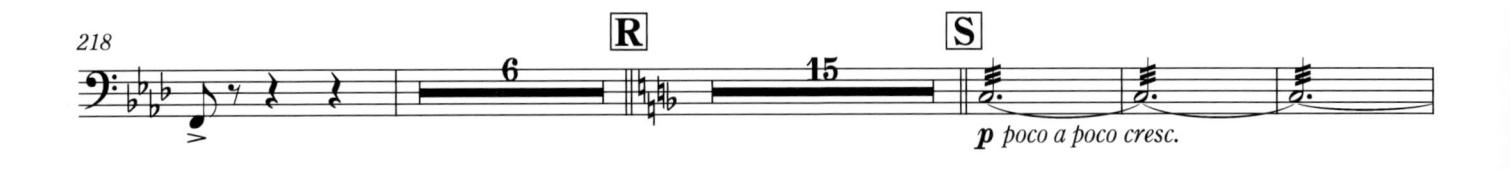

※上2声が女声・下2声が男声
もしくは上3声が女声・下1声が男声が望ましい

Souvenir du Grand Ciel ～ 黎明への祈り

郷間幹男 作曲

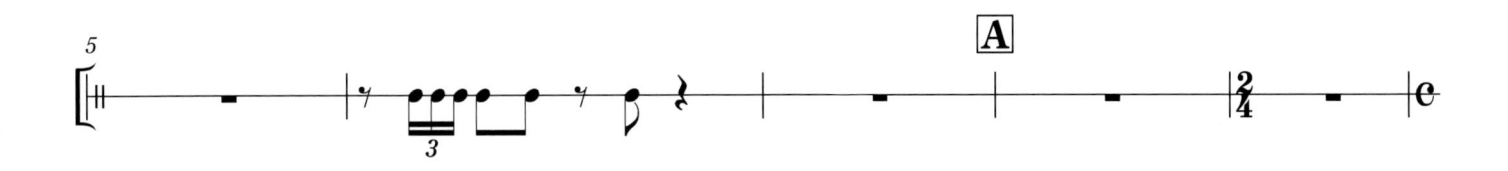

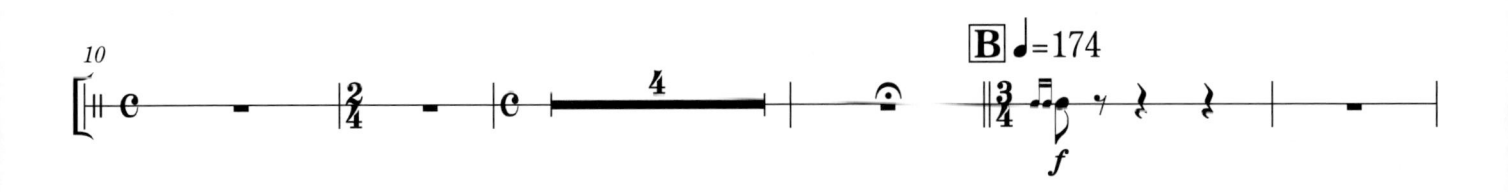

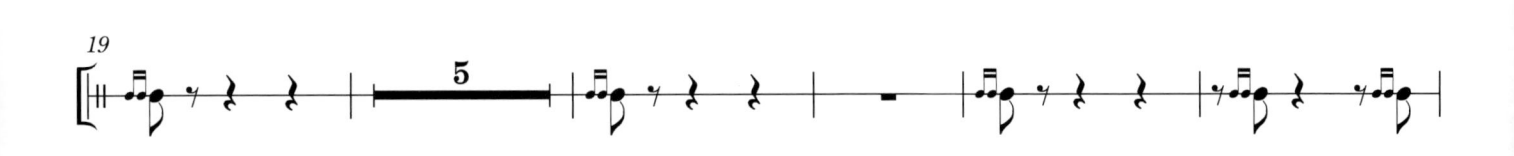

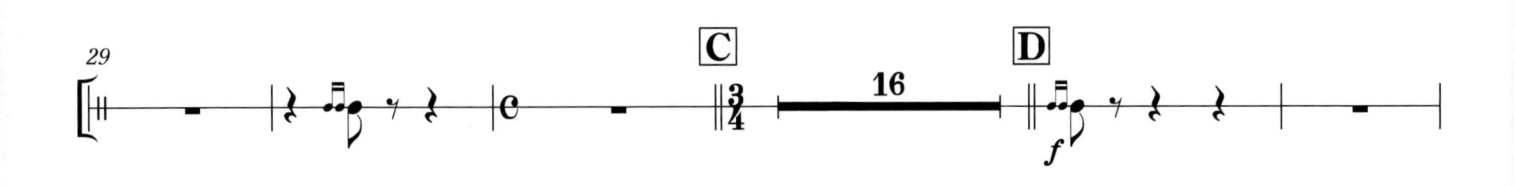

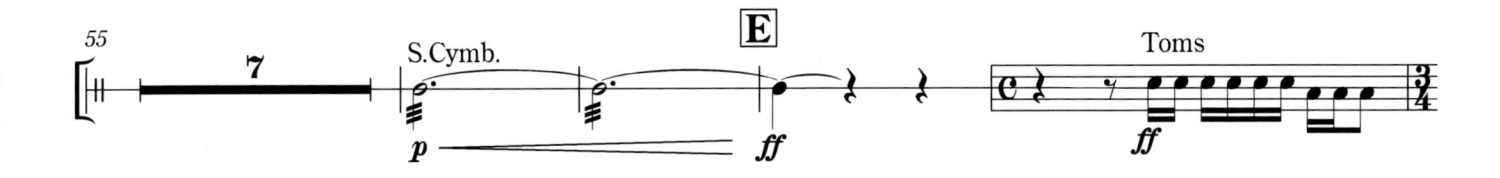

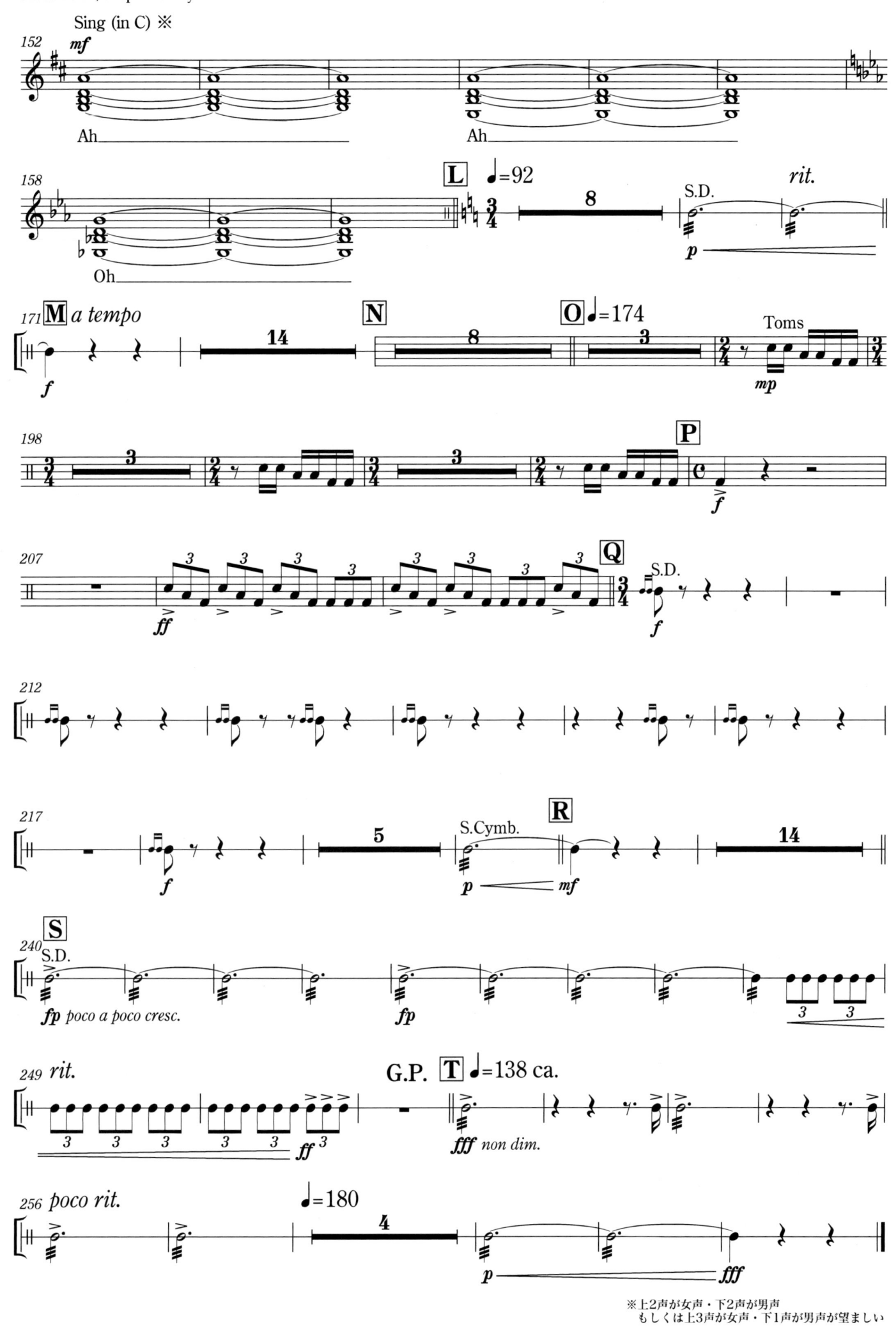

※上2声が女声・下2声が男声
もしくは上3声が女声・下1声が男声が望ましい

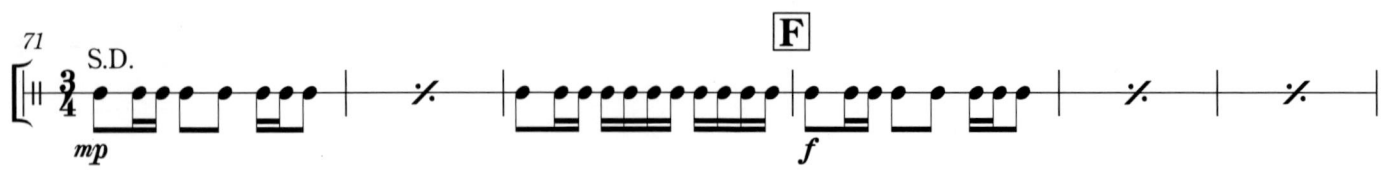

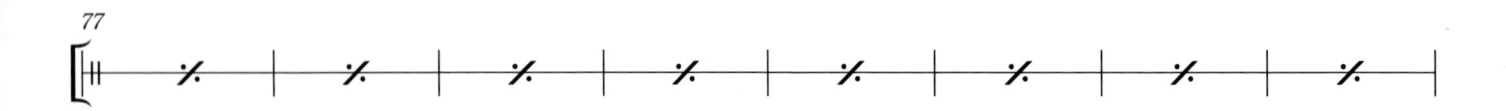

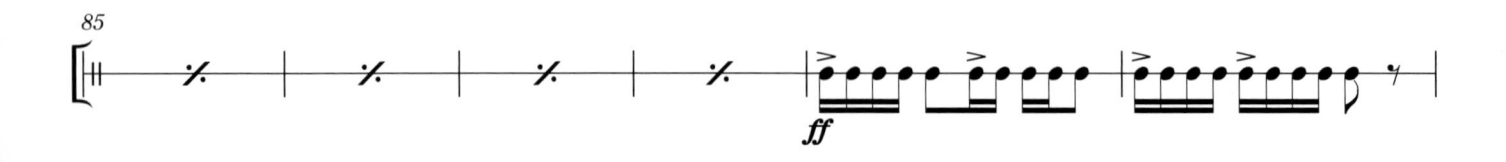

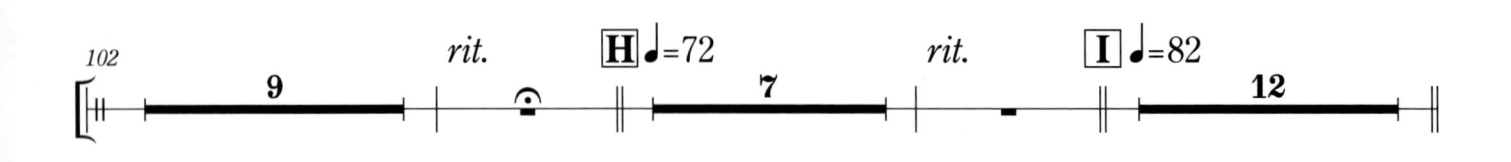

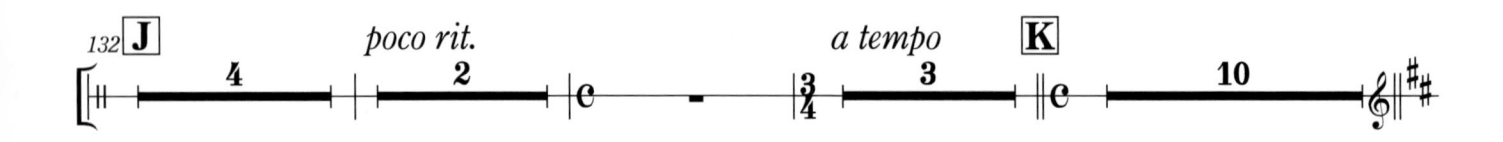

Bass Drum, Hi-Hat, Suspended Cymbal & Triangle

Souvenir du Grand Ciel ～ 黎明への祈り

郷間幹男 作曲

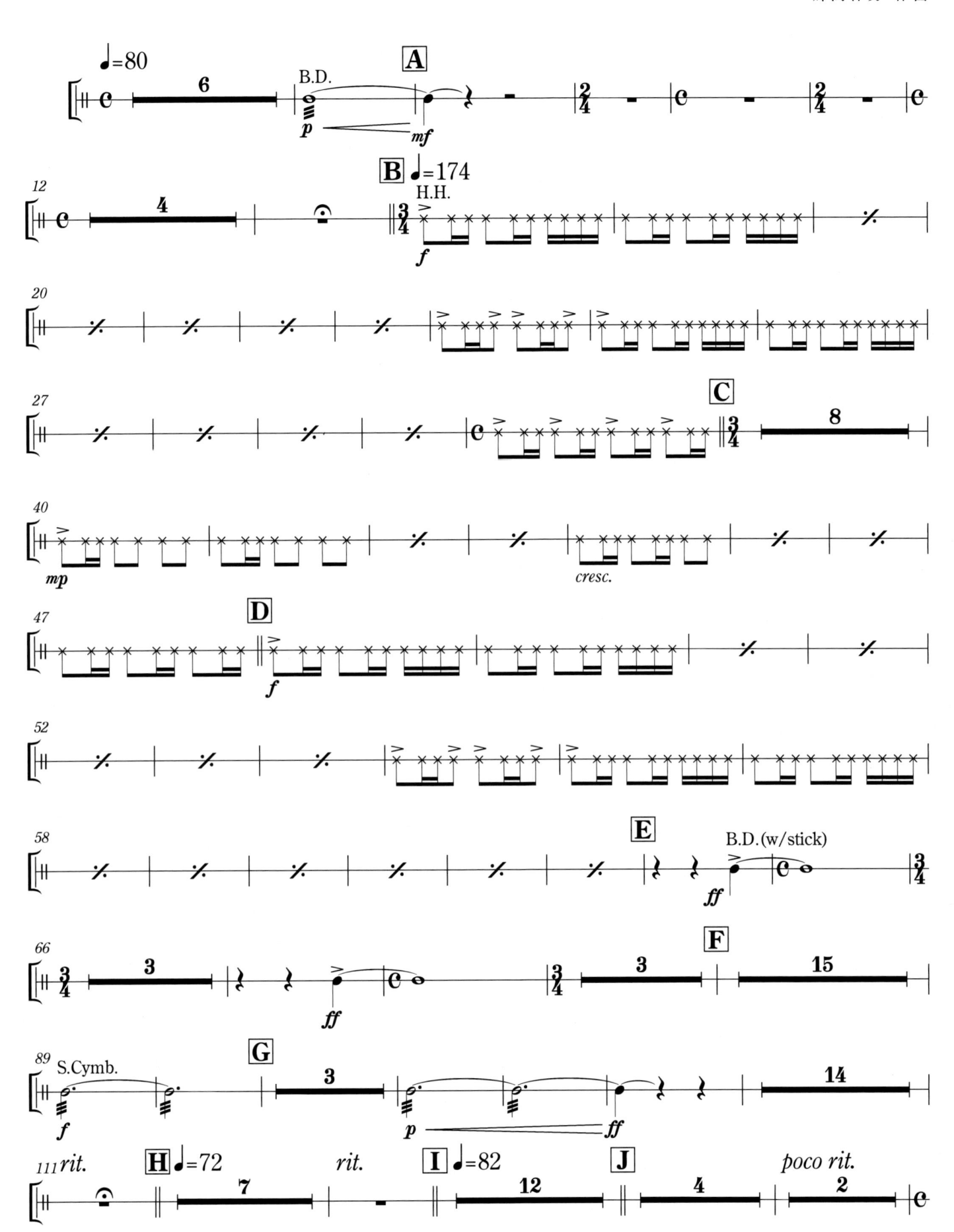

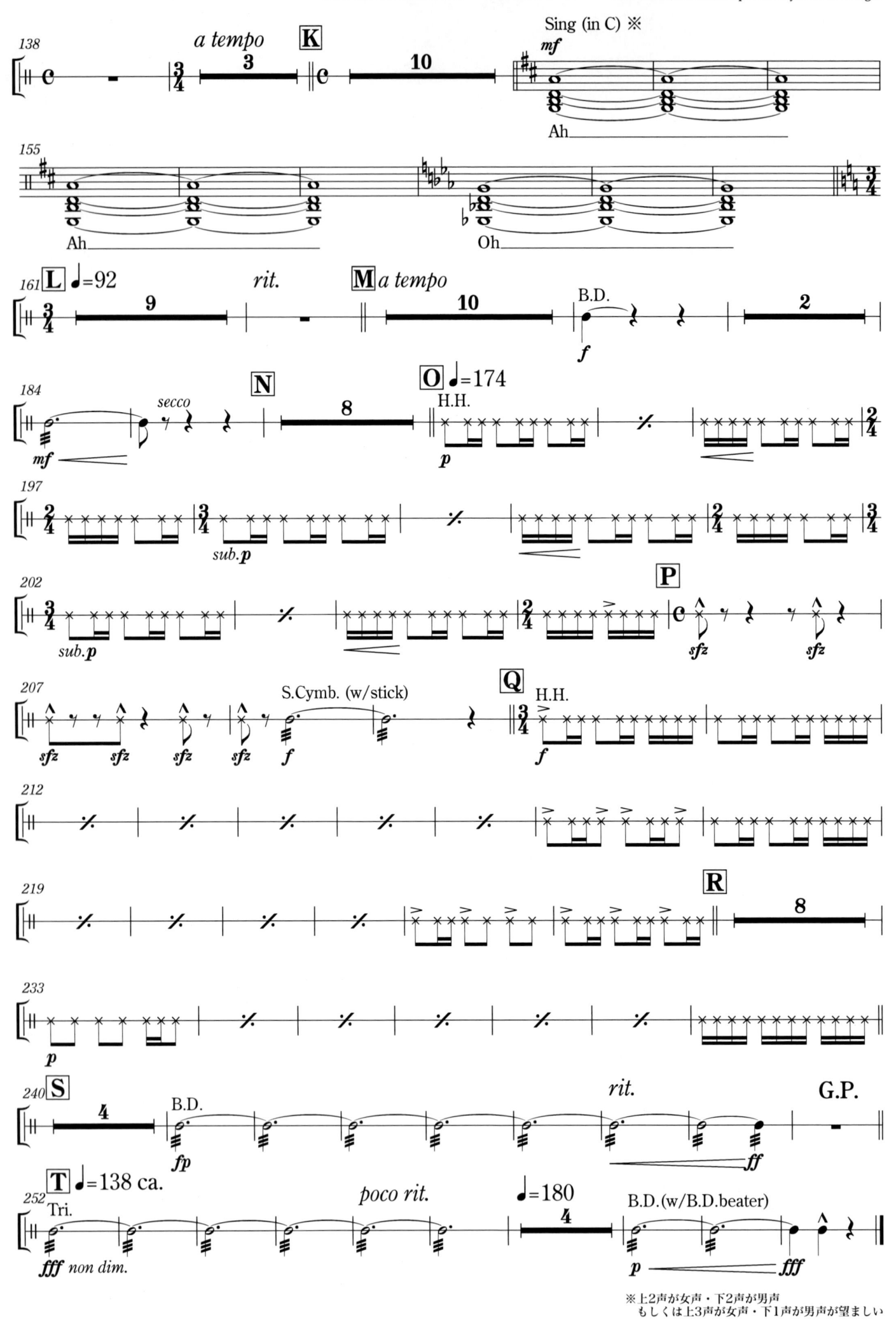

※上2声が女声・下2声が男声
もしくは上3声が女声・下1声が男声が望ましい

Suspended Cymbal, Tambourine, Shaker,
Crash Cymbals, Triangle & Ratchet

Souvenir du Grand Ciel ～ 黎明への祈り

郷 間 幹 男　作 曲

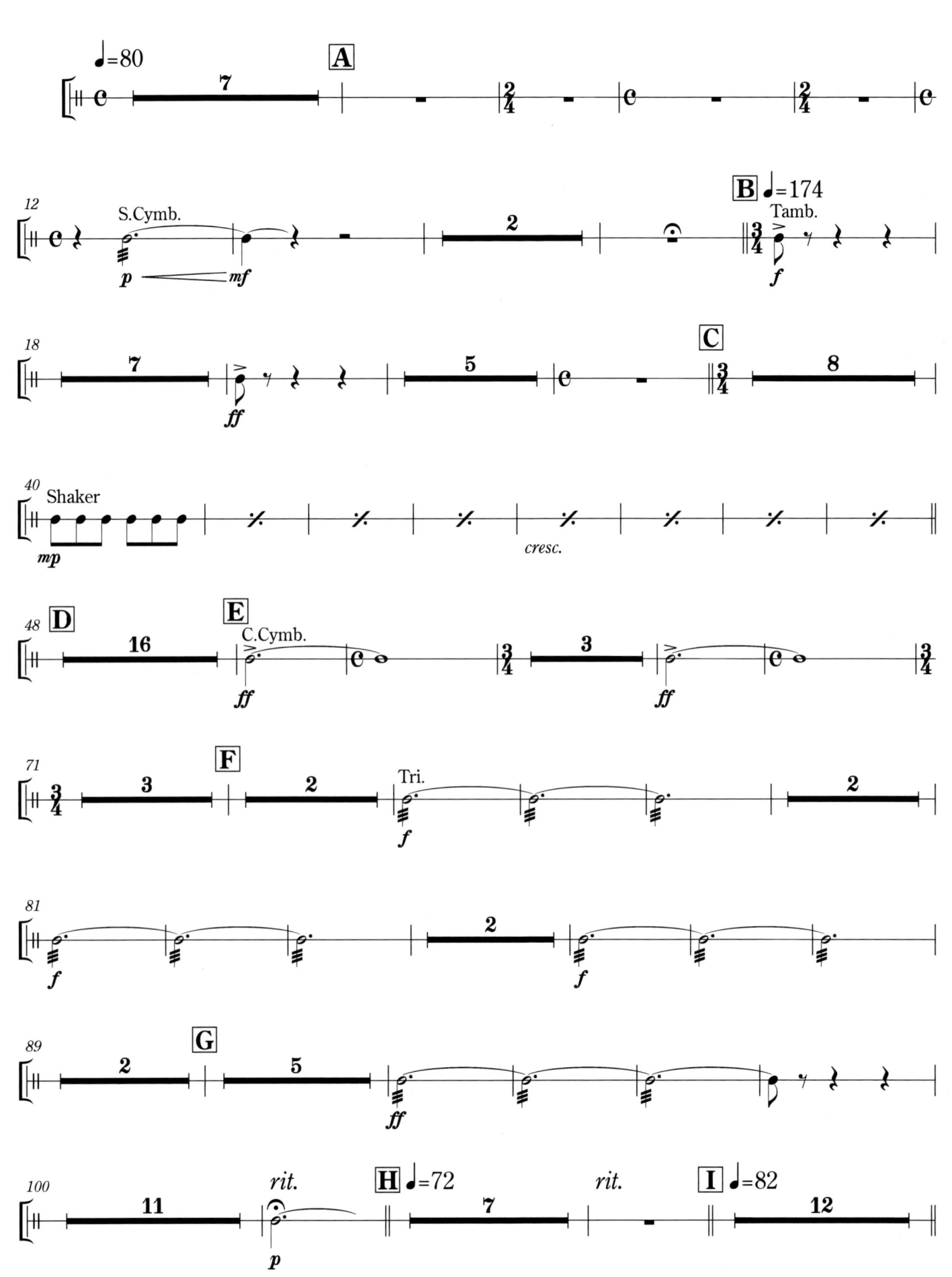

Suspended Cymbal, Tambourine, Shaker,
Crash Cymbals, Triangle & Ratchet

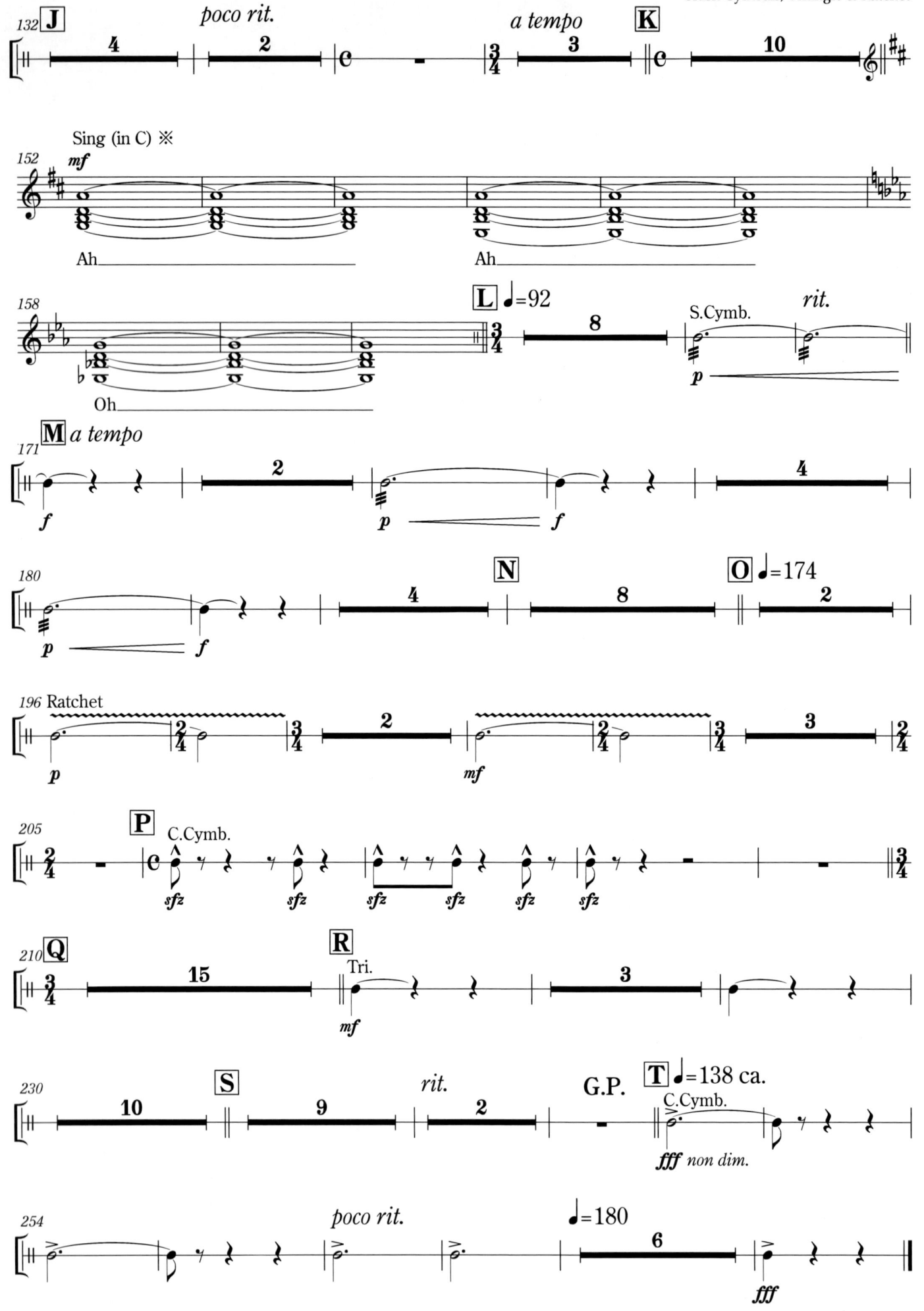

※上2声が女声・下2声が男声
もしくは上3声が女声・下1声が男声が望ましい

Souvenir du Grand Ciel 〜 黎明への祈り

郷間幹男　作曲

※上2声が女声・下2声が男声
もしくは上3声が女声・下1声が男声が望ましい

Souvenir du Grand Ciel ～ 黎明への祈り

郷間幹男　作曲

※上2声が女声・下2声が男声
もしくは上3声が女声・下1声が男声が望ましい

Souvenir du Grand Ciel 〜 黎明への祈り

郷間幹男　作曲

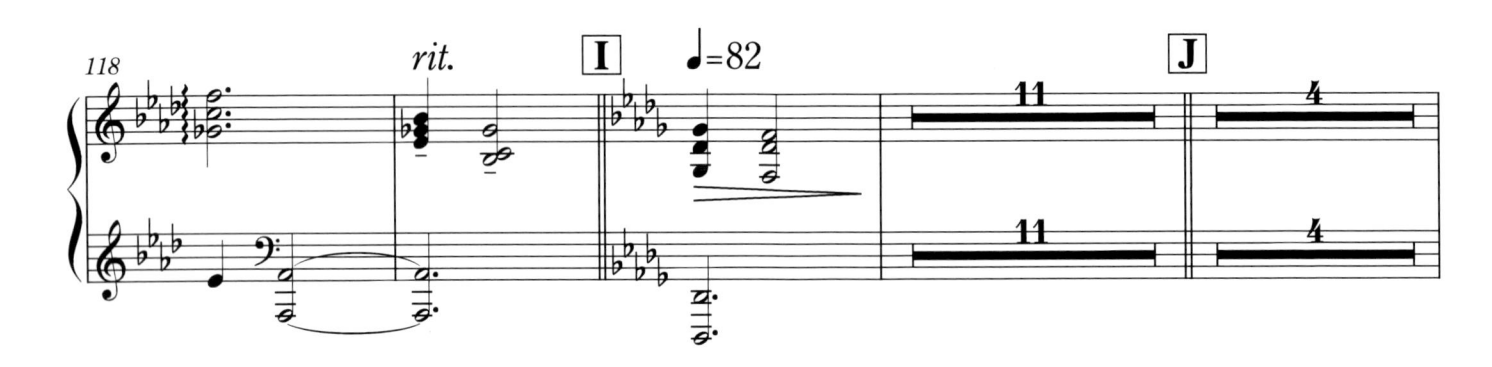

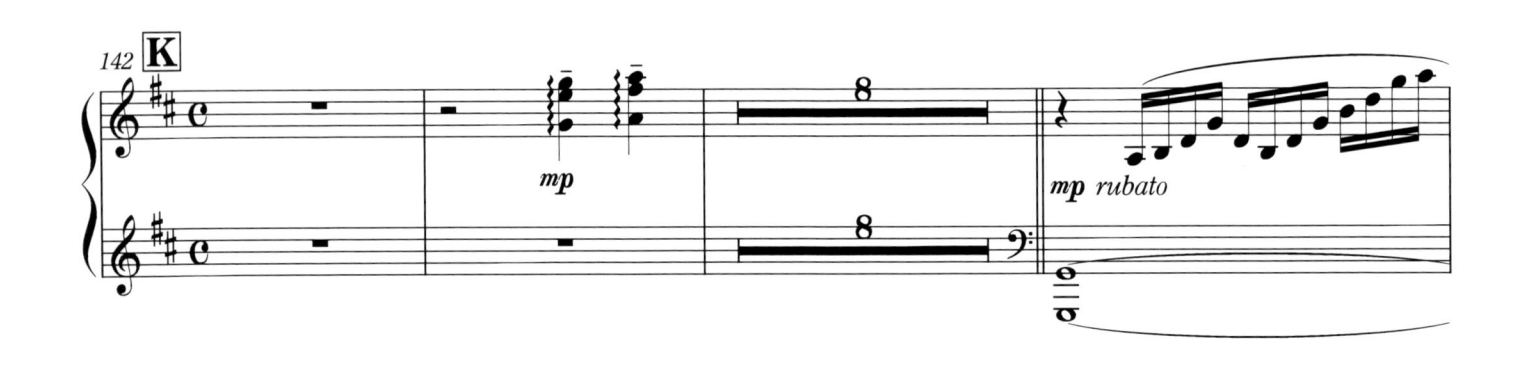

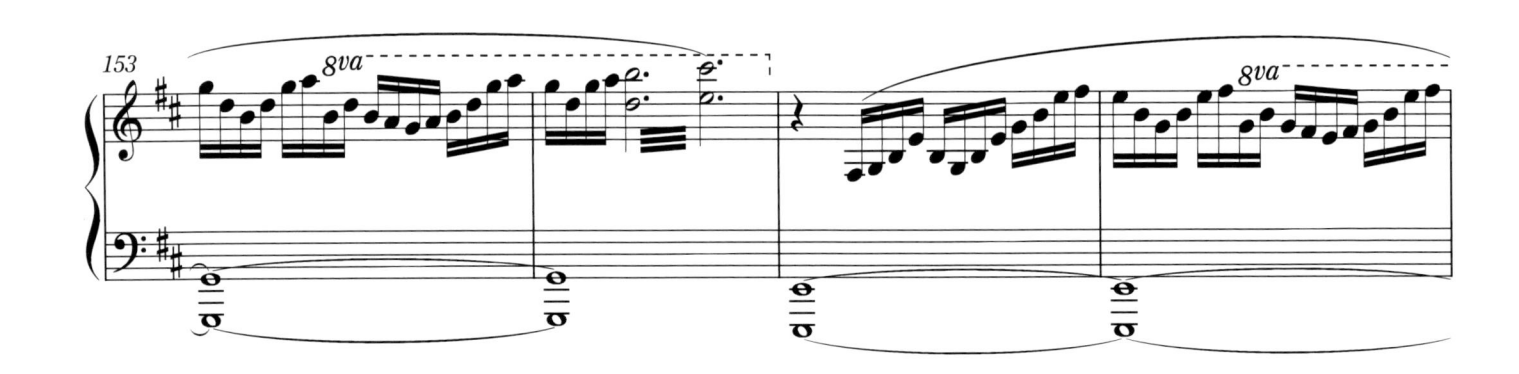

Piano

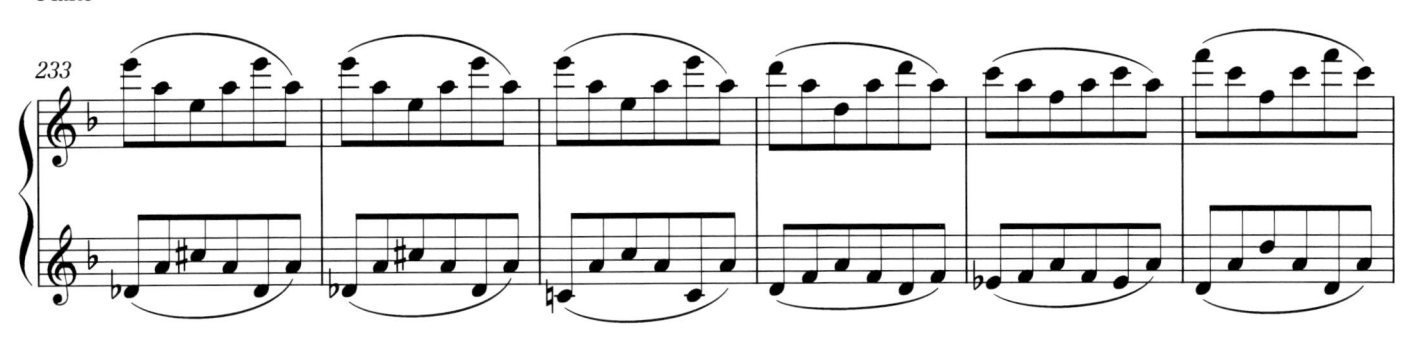

Souvenir du Grand Ciel 〜 黎明への祈り

郷間幹男　作曲

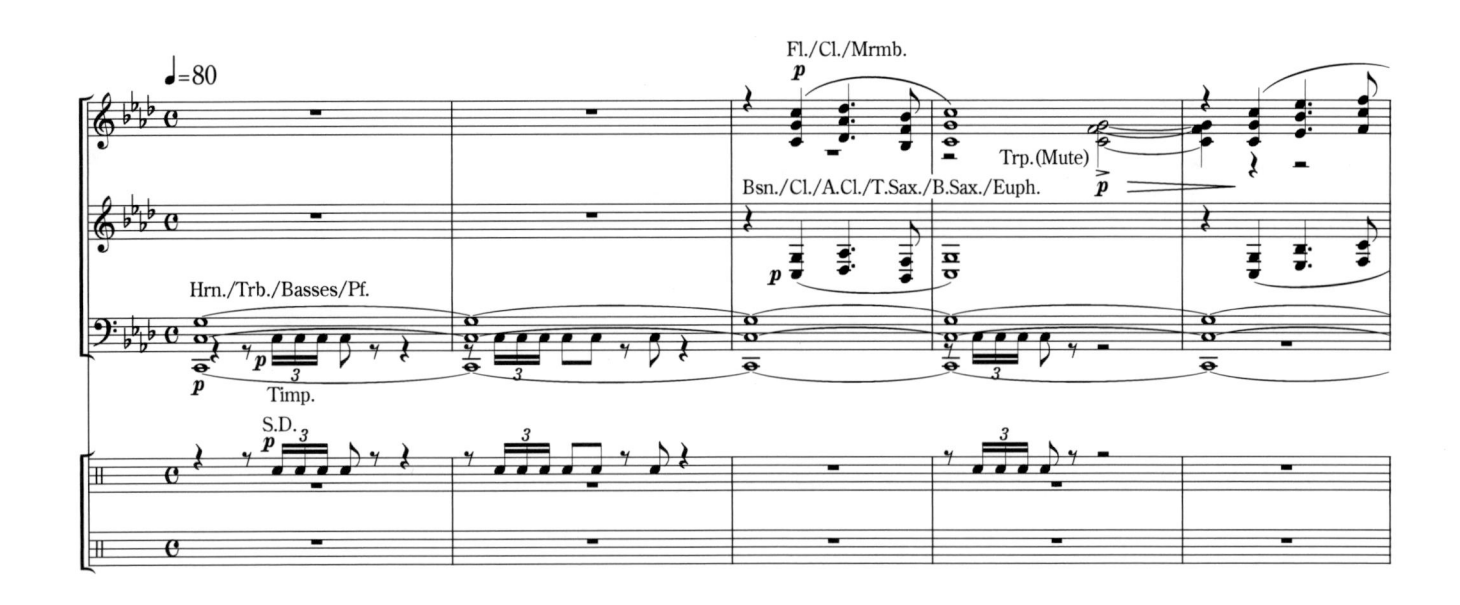

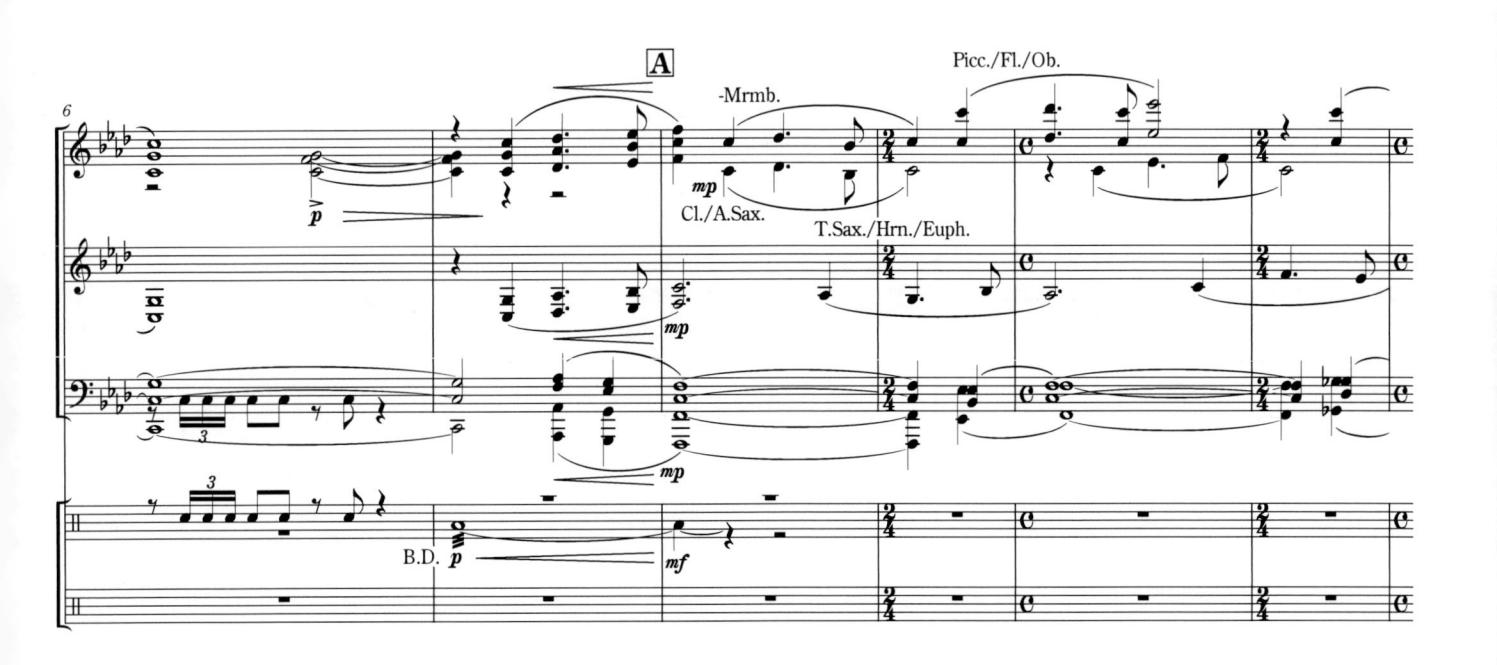

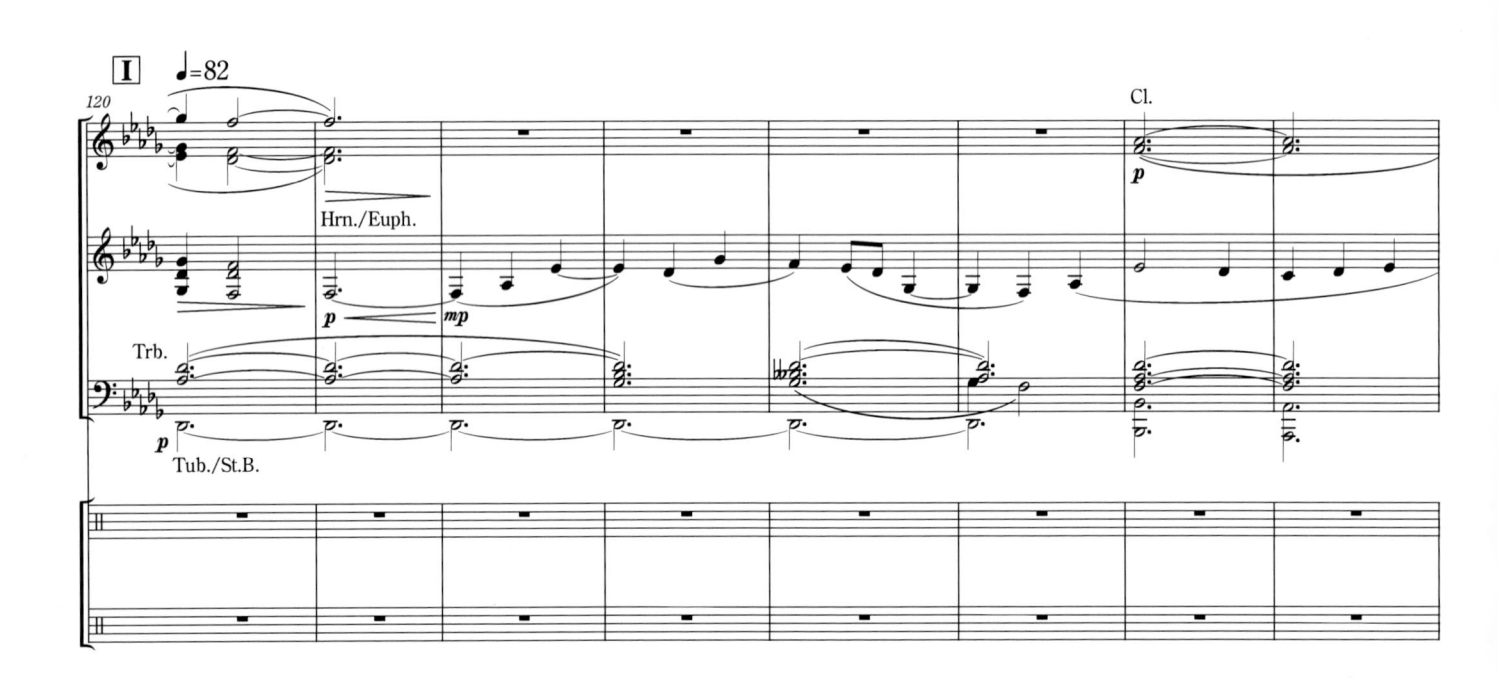

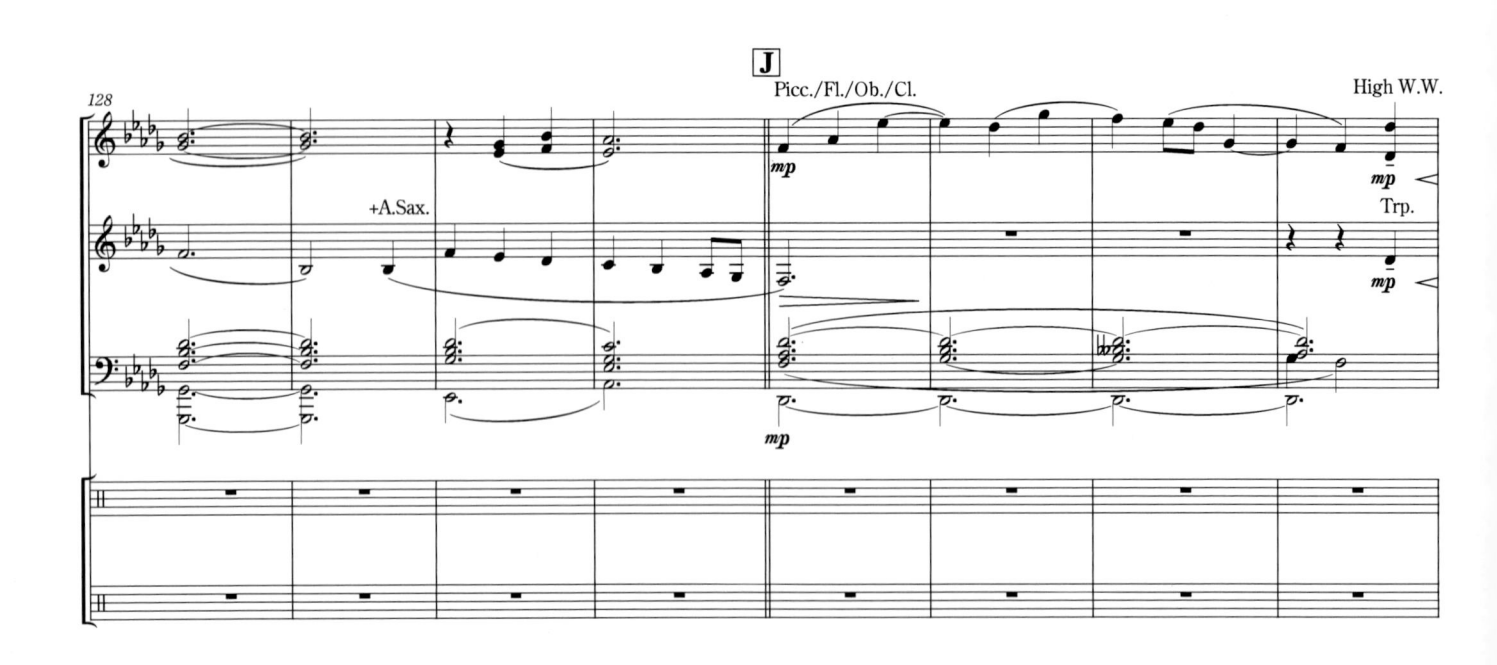

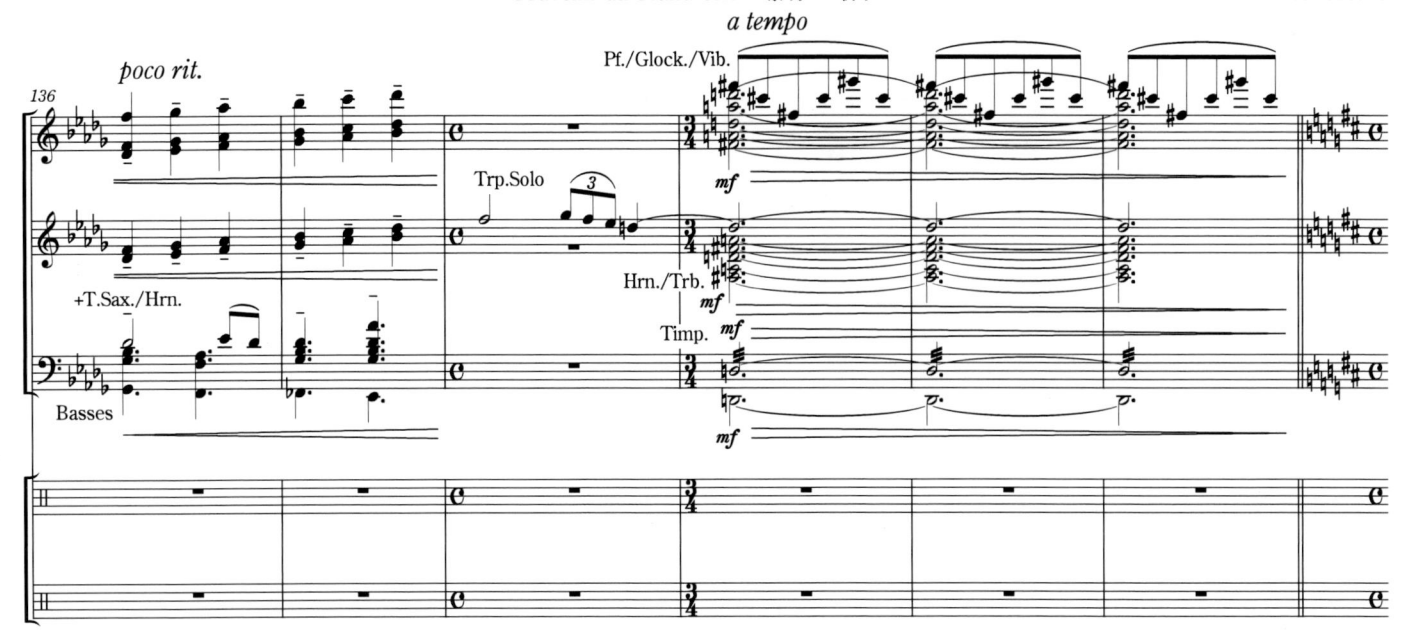

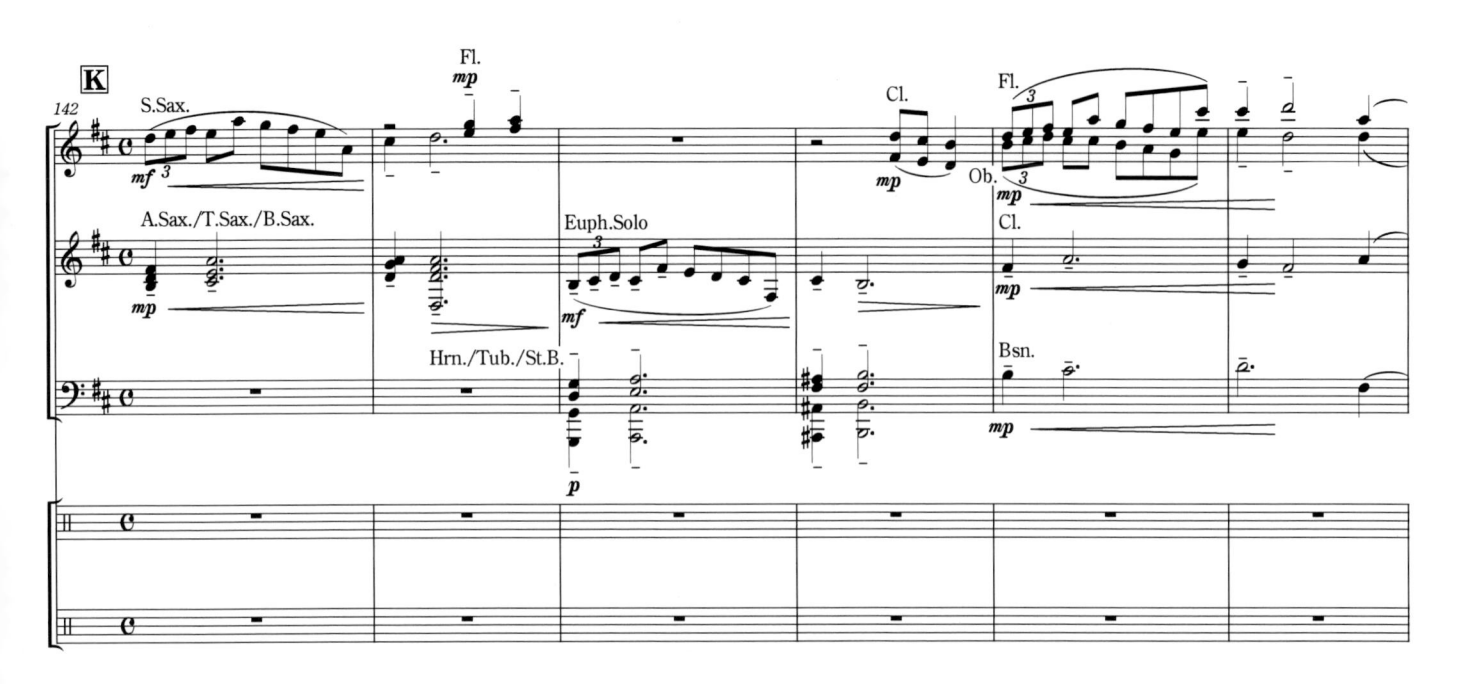

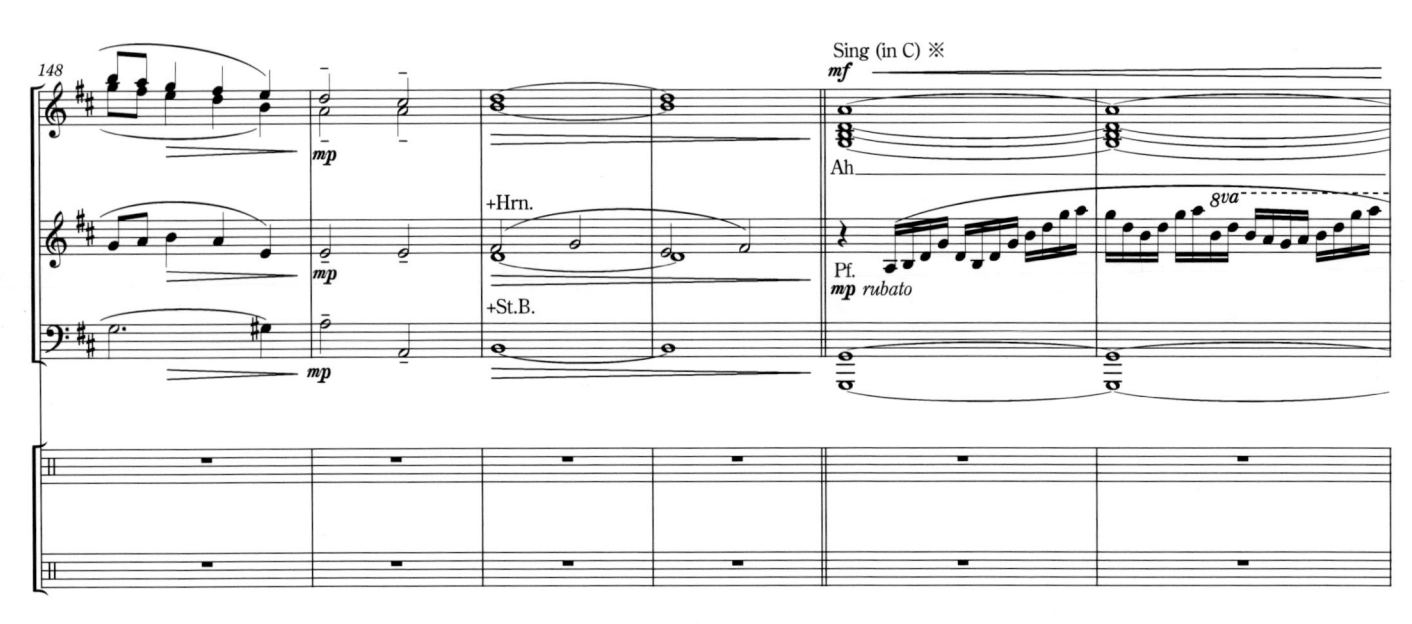

※上2声が女声・下2声が男声
もしくは上3声が女声・下1声が男声が望ましい

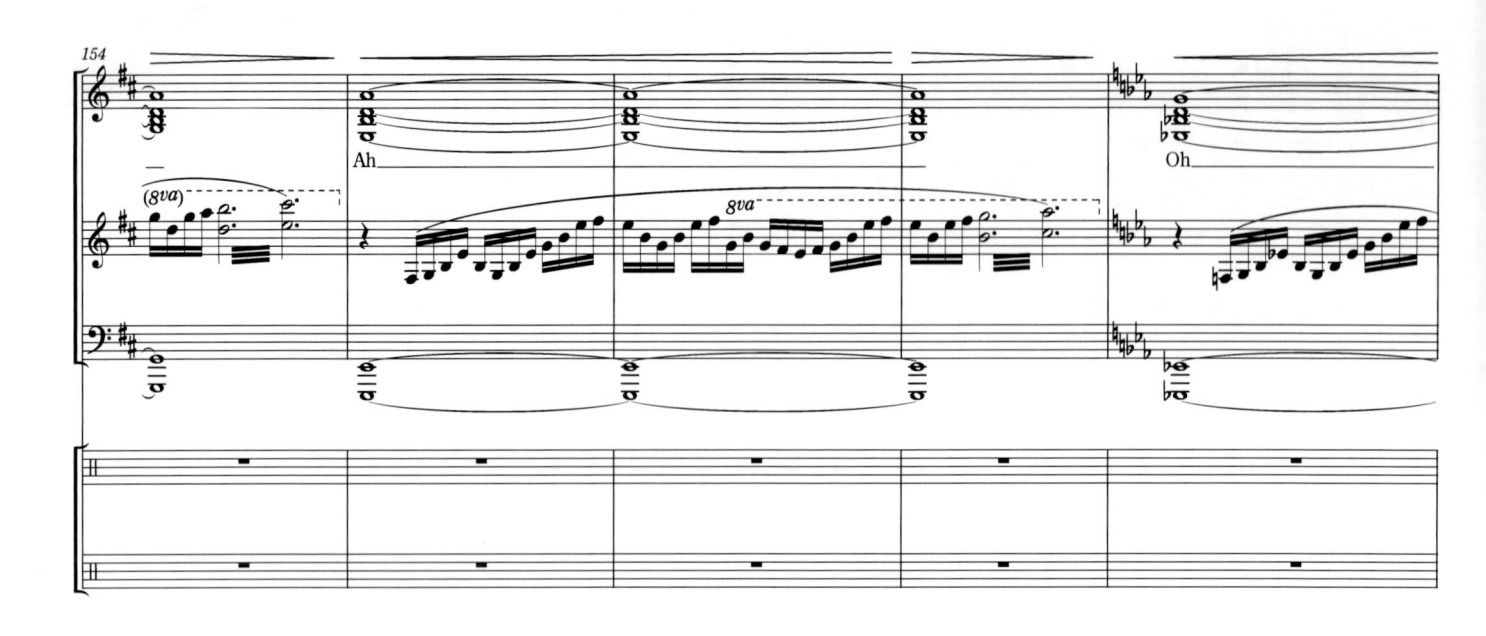

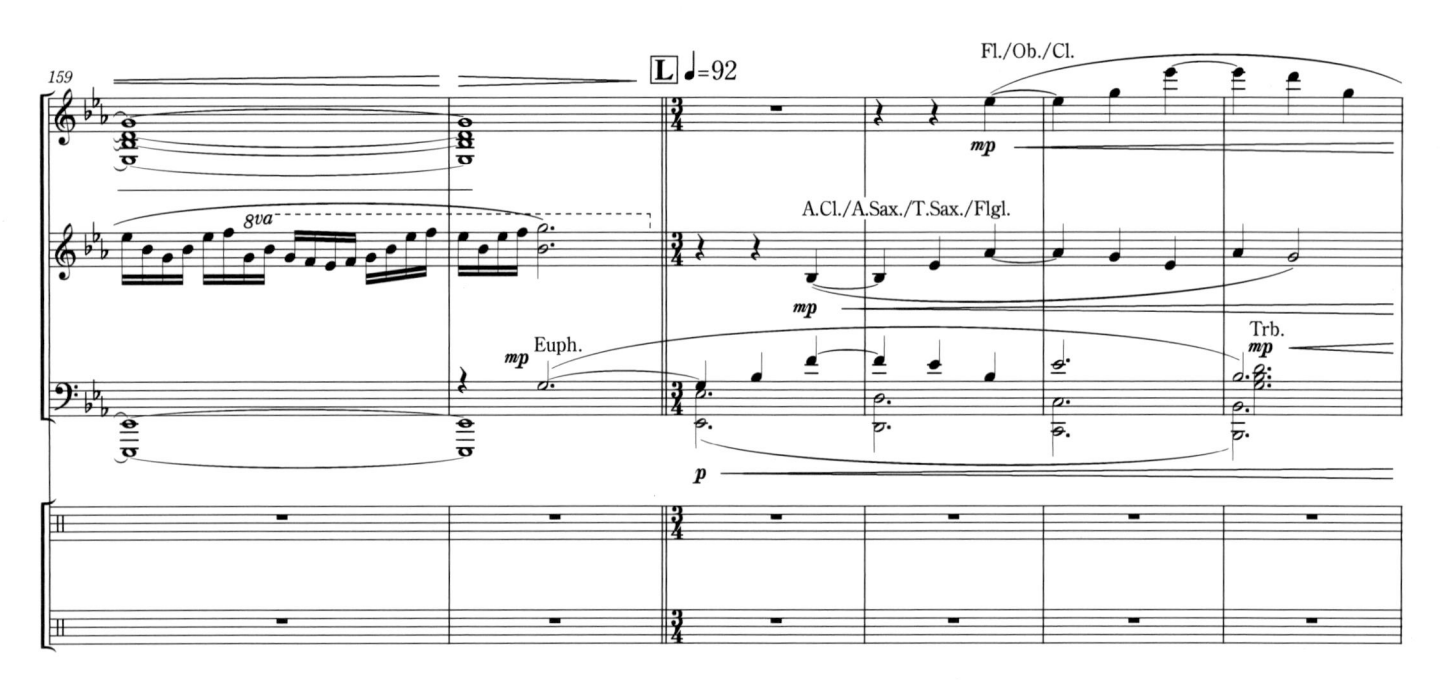

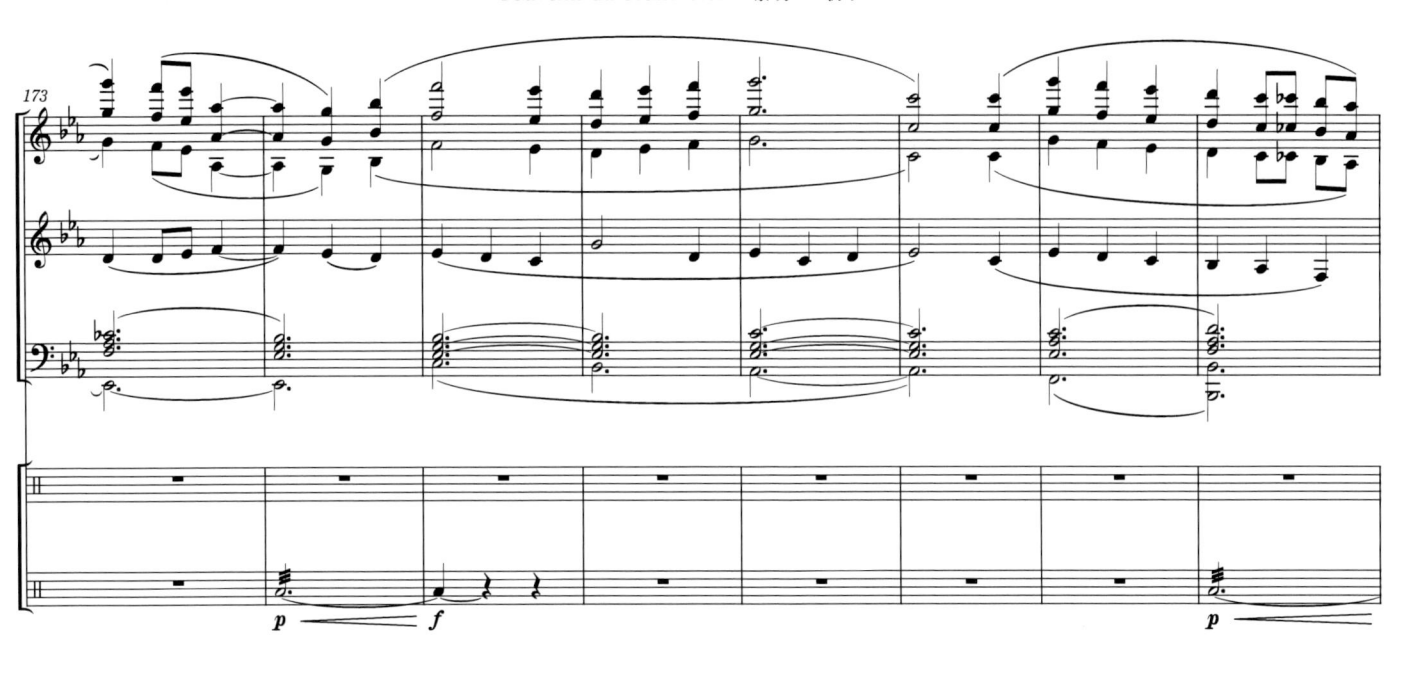

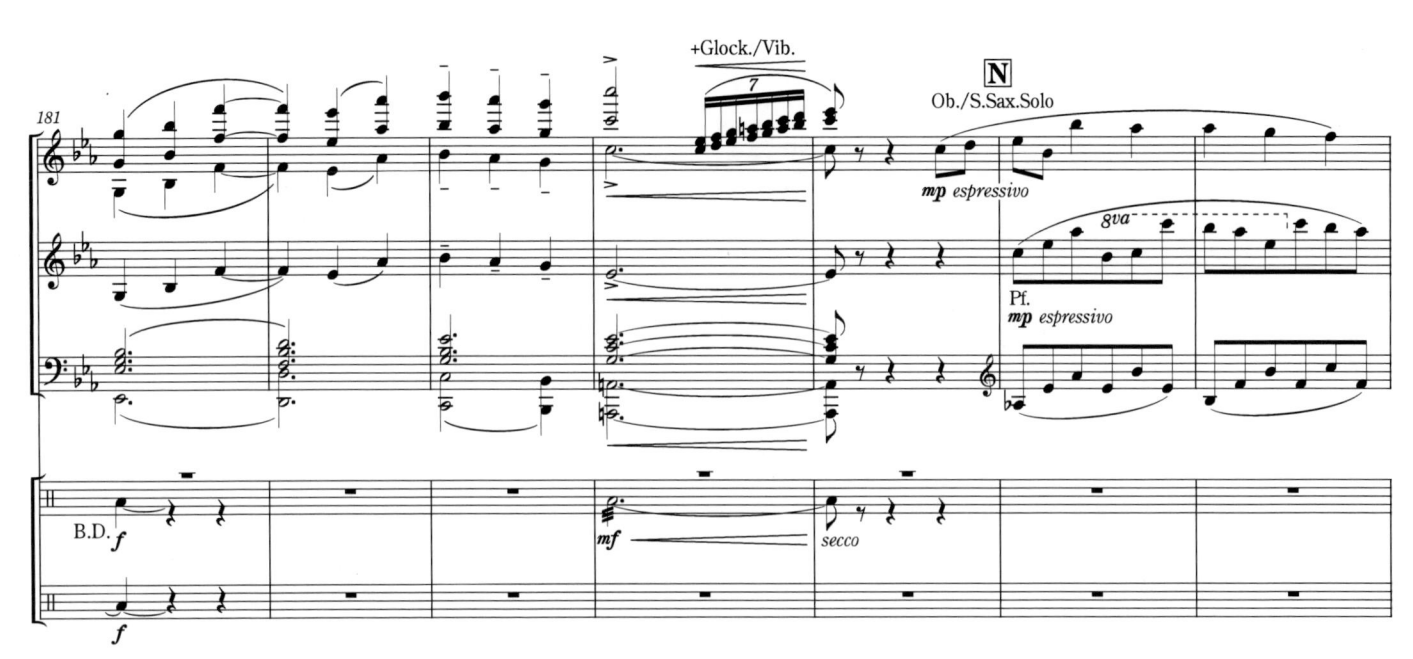